Frank Wedekind

Wedekinds schönste Gedichte

e-artnow 2018

Leseempfehlungen (als Print & e-Book von e-artnow erhältlich)

Iwan Sergejewitsch Turgenew
Gesammelte Werke: Romane + Erzählungen + Gedichte in Prosa

Frank Wedekind
Fesselnde Erzählungen eines Skandalautors

Ödön von Horváth
Ödön von Horváth: Gesammelte Romane & Erzählungen (66 Titel in einem Band)

Hermann Löns
So dunkel ist die Ferne - Balladen & Lieder

Johann Wolfgang Goethe
West-östlicher Divan

August von Platen
Gedichte

Wilhelm Hauff
Hauffs schönste Gedichte

Richard von Schaukal
Gesammelte Gedichte

Joachim Ringelnatz
Die schönsten Liebesgedichte eines Seemanns

Joachim Ringelnatz
Gedichte, Gedichte von Einstmals und Heut

Frank Wedekind

Wedekinds schönste Gedichte

90 Titel: Die vier Jahreszeiten + Auf eigenen Füßen-Donnerwetter + Die Schriftstellerhymne + Madame de Warens + Stallknecht und Viehmagd + Menschlichkeit + Parodie und Satire + Zur Verlobung...

e-artnow, 2018
Kontakt: info@e-artnow.org
ISBN 978-80-273-1840-7

Inhaltsverzeichnis

Die vier Jahreszeiten

Frühling

Ilse

Ich war ein Kind von fünfzehn Jahren,
Ein reines unschuldsvolles Kind,
Als ich zum erstenmal erfahren,
Wie süß der Liebe Freuden sind.
Er nahm mich um den Leib und lachte
Und flüsterte: O welch ein Glück!
Und dabei bog er sachte, sachte
Den Kopf mir auf das Pfühl zurück.
Seit jenem Tag lieb' ich sie alle,
Des Lebens schönster Lenz ist mein;
Und wenn ich keinem mehr gefalle,
Dann will ich gern begraben sein.

Franziska

Franziska, mein reizender Falter,
Hätt'st du nicht zu eng für dein Alter
Den keimenden Busen geschnürt,
Dann klafften wohl nicht die Gewänder,
Sobald ich nur eben die Bänder
Mit harmlosem Finger berührt.
Nun wehr auch nicht meinem Entzücken,
Als erster die Küsse zu pflücken
Der zarten, jungfräulichen Haut.
Mich blendet die schneeige Weiße,
Solang' ich das Fleisch nicht, das heiße,
Mit bebenden Lippen betaut.
Denn gleich wie die Knospe der Blume
Nichts ahnt von der Pracht und dem Ruhme
Der Rose am üppigen Strauch,
So seh' ich bescheiden erst schwellen
Die keuschen, die kindlichen Wellen,
Umweht von berauschendem Hauch.
O! glaub mir, die Monde entfliehen,
Die Rosen verwelken, verblühen
Und fallen dem Winter zum Raub.
Es kommen und gehen die Jahre,
Man legt deinen Leib auf die Bahre
Und alles wird Moder und Staub.

Frühling

Willkommen, schöne Schäferin
In deinem leichten Kleide,
Mit deinem leichten frohen Sinn,
Willkommen auf der Weide.
Sieh, wie so klar mein Bächlein fließt,
Zu tränken deine Herde!
Komm setz dich, wenn du müde bist,
Zu mir auf die grüne Erde.
Und trübt sich der Sonne goldiger Schein,
Und fällt ein kühlender Regen,
Dann ist mein Mantel nicht zu klein,
Wollen beide darunter uns legen.

Der blinde Knabe

O ihr Tage meiner Kindheit,
Nun dahin auf immerdar,
Da die *Seele* noch in Blindheit,
Noch voll Licht das *Auge* war:
Meine Blicke ließ ich schweifen
Jedem frei ins Angesicht;
Glauben galt mir für Begreifen
Und Gedanken kannt' ich nicht.
Ich begann jedoch zu sinnen
Und zu grübeln hin und her,
Und in meiner Seele drinnen
Schwoll ein wildempörtes Meer.
Meine Blicke senkt' ich nieder,
Schaute tief in mich hinein
Und erhob sie nimmer wieder
Zu dem goldnen Sonnenschein.
Mußt' ich doch die Welt verachten,
Die mir Gottes Garten schien,
Denn die Guten läßt er schmachten,
Und die Bösen preisen ihn.
Freude, Lust und Ruh' vergehen
O, wie wohl war einst dem Kind!
Meine *Seele* hat gesehen,
Meine *Augen* wurden blind!

Sommer

Konfession

Freudig schwör' ich es mit jedem Schwure
Vor der Allmacht, die mich züchtigen kann:
Wie viel lieber wär' ich eine Hure
Als an Ruhm und Glück der reichste Mann!
Welt, in mir ging dir ein Weib verloren,
Abgeklärt und jeder Hemmung bar.
Wer war für den Liebesmarkt geboren
So wie ich dafür geboren war?
Lebt' ich nicht der Liebe treu ergeben
Wie es andre ihrem Handwerk sind?
Liebt' ich nur ein einzig Mal im Leben
Irgendein bestimmtes Menschenkind?
Lieben? – Nein, das bringt kein Glück auf Erden.
Lieben bringt Entwürdigung und Neid.
Heiß und oft und stark geliebt zu werden,
Das heißt Leben, das ist Seligkeit!
Oder sollte Schamgefühl mich hindern,
Wenn sich erste Jugendkraft verliert,
Jeden noch so seltnen Schmerz zu lindern,
Den verwegne Phantasie gebiert?
Schamgefühl? – Ich hab es oft empfunden;
Schamgefühl nach mancher edlen Tat;
Schamgefühl vor Klagen und vor Wunden;
Scham, wenn endlich sich Belohnung naht.
Aber Schamgefühl des Körpers wegen,
Der mit Wonnen überreich begabt?
Solch ein Undank hat mir ferngelegen,
Seit mich einst der erste Kuß gelabt!
Und ein Leib, vom Scheitel bis zur Sohle
Allerwärts als Hochgenuß begehrt...
Welchem reinern, köstlichern Idole
Nachzustreben, ist dies Dasein wert?
Wenn der Knie leiseste Bewegung
Krafterzeugend wirkt wie Feuersglut,
Und die Kraft, aus wonniger Erregung,
Sich zu überbieten, nicht mehr ruht;
Immer unverwüstlicher und süßer,
Immer klarer im Genuß geschaut,
Daß es statt vor Ohnmacht dem Genießer
Nur vor seiner Riesenstärke graut...
Welt, wenn ich von solchem Zauber träume,
Dann zerstiebt zu nichts, was ich getan;
Dann preis' ich das Dasein und ich bäume
Zu den Sternen mich vor Größenwahn! – – –
Unrecht wär's, wollt' ich der Welt verhehlen,
Was mein Innerstes so wild entflammt,
Denn vom Beifall vieler braver Seelen
Frag' ich mich umsonst, woraus er stammt.

Der Taler

Blitzt der Taler im Sonnenschein,
Blitzt dem Kind in die Augen hinein,
Über die Wangen rollen die Tränen.
Mutter zieht gar ein ernst Gesicht:
Vor dem Taler, Schatz, fürchte dich nicht;
Nach dem Taler sollst du dich sehnen.
Sieh, mein Herzblatt, auf Gottes Welt
Für uns Menschen gibt's nichts ohne Geld,
Hätt' ich dich, Herzblatt, auch nicht bekommen.
Bist noch so unschuldig, noch so klein,
Willst doch täglich gefüttert sein,
Hast es mir selbst aus der Tasche genommen.
Darfst nicht weinen, bist all mein Glück;
Gibst mir's tausendfältig zurück.
Sich, die goldene Sonne dort oben,
Brennt sie dir gleich deine Guckaugen wund,
Nährt und behütet den Erdenrund,
Daß alle Kreaturen sie loben.
Nach der Sonne in goldiger Pracht
Haben die Menschen ihr Geld gemacht;
Ohne das Geld muß man elend sterben.
Sonne ist Glück und Glück ist Geld;
Wem es nicht schon in die Wiege fällt,
Der muß es mühevoll sich erwerben.
Sieh, mein Herzblatt, den grünen Wald,
Drin der Vögel Gezwitscher erschallt;
Wie das so lieblich ist anzuschauen!
Hast du kein Geld für das morgige Brot,
Dir sind all die Vögelein tot,
Und der Wald ist ein schrecklich Grauen!
Geld ist Schönheit! Mit recht viel Geld
Nimmst du den Mann, der dir wohlgefällt,
Keinen Häßlichen, keinen Alten.
Sieh, der Reichen Hände, wie weiß!
Wissen nichts von Frost und von Schweiß;
Haben keine Schwielen noch Falten.
Bei uns Armen ist Eins mal schön,
Aber nur im Vorübergehn;
Morgen schon ist zerrupft sein Gefieder.
Oder die Schönheit wird ihm zu Geld;
Kommt es hinauf in die große Welt,
Steigt es nicht leicht mehr zu uns hernieder.
Kind, hab acht auf wahren Gewinn:
Geld ist Freiheit, ist Edelsinn,
Menschenwürde und Seelenfrieden.
Alles kehrt sich zum goldenen Licht,
Warum sollen wir Menschen es nicht?
Dir, mein Kind, sei das Glück beschieden.

Mein Käthchen

Mein Käthchen fordert zum Lohne
Von mir ein Liebesgedicht.
Ich sage: Mein Käthchen verschone
Mich damit, ich kann das nicht.
   Ob überhaupt ich dich liebe,
Das weiß ich nicht so genau.
Zwar sagst du ganz richtig, das bliebe
Gleichgültig; doch, Käthchen, schau:
   Wenn ich die Liebe bedichte,
Bedicht' ich sie immer vorher,
Denn wenn vorbei die Geschichte,
Wird mir das Dichten zu schwer.

Morgenstimmung

Leise schleich' ich wie auf Eiern
Mich aus Liebchens Paradies,
Wo ich hinter dichten Schleiern
Meine besten Kräfte ließ.
   Traurig spiegelt sich der bleiche
Mond in meinem alten Frack;
Ach die Wirkung bleibt die gleiche,
Wie das Kind auch heißen mag.
   Wilhelmine, Karoline,
'S ist gesprungen wie gehupft,
Nur daß hier die Unschuldsmiene,
Dort dich die Routine rupft.

Sommer 1898

Ich, der alte *Ahasver* ,
Habe große Eile,
Zu verscheuchen wünscht' ich sehr
Ewig lange Weile:
Lenke wieder meine Bahn,
Endlos mir beschieden,
Nach dem alten Kanaan,
Das ich lang gemieden.
Mir ist in der Ferne die Kunde geworden,
Es käme gezogen ein Herrscher von Norden,
Da setzt es vielleicht auch für mich einen Orden.
Rückwärts schweift mein Auge matt,
Reuevoll umdustert,
Nach der alten Judenstadt,
Drin ich einst geschustert,
Derart, daß mich heute noch
Gottes Welt verachtet,
Weil ich nicht den Braten roch,
Eh' das Lamm geschlachtet!
Wär' jener gekommen, wie Dieser kommt heute,
Mit stolzem Gepränge und großem Geleite,
Ich wäre moralisch gegangen nicht Pleite!
Jener ritt die Eselin,
Dieser den Trakehner,
Ehr' und Glück trägt Dieser hin
Und sein Leben jener.
Durch der Rede reiches Wort
Einzig sind die Beiden,
Und ihr Ziehn von Ort zu Ort
Nicht zu unterscheiden.
Was aber hilft tief mir im Busen die Reue!
Versagt' ich denn jemals dem Herrscher die Treue?! –
Am Ende ereilt mich mein Unglück aufs neue!
Kam doch auch zu jener Zeit
Unter Kriegerscharen
In verbrämtem Purpurkleid
Einer angefahren! – –
Wenn der Andre nun auch jetzt
Beim Erlöserwerke
Sich vor meine Türe setzt,
Ohne daß ich's merke?!
Von ihm stand kein Wort in der Zeitung geschrieben.
Ich hätt' ihn ja sonst von der Bank nicht vertrieben!
Und darin ist alles beim alten geblieben. –
Ja, wir Menschen stolpern blind
Durch des Lebens Enge.
Oft ist leer wie Schall und Wind
Größtes Festgepränge.
Irrt man ehrfurchtsvollen Blicks,
Ehr' und Macht zu suchen,

Kommt der Mächt'ge hinterrücks,
Einen zu verfluchen! –
Es wechseln nicht nur an der Börse die Größen! –
Nichts bleibt uns, inmitten von Püffen und Stößen,
Als ununterbrochen das Haupt zu entblößen.

Brigitte B.

Ein junges Mädchen kam nach Baden,
Brigitte B. war sie genannt,
Fand Stellung dort in einem Laden,
Wo sie gut angeschrieben stand.
Die Dame, schon ein wenig älter,
War dem Geschäfte zugetan,
Der Herr ein höherer Angestellter
Der königlichen Eisenbahn.
Die Dame sagt' nun eines Tages,
Wie man zu Nacht gegessen hat:
Nimm dies Paket, mein Kind, und trag es
Zu der Baronin vor der Stadt.
Auf diesem Wege traf Brigitte
Jedoch ein Individium,
Das hat an sie nur eine Bitte,
Wenn nicht, dann bringe er sich um.
Brigitte, völlig unerfahren,
Gab sich ihm mehr aus Mitleid hin.
Drauf ging er fort mit ihren Waren
Und ließ sie in der Lage drin.
Sie konnt' es anfangs gar nicht fassen,
Dann lief sie heulend und gestand,
Daß sie sich hat verführen lassen,
Was die Madam begreiflich fand.
Daß aber dabei die Turnüre
Für die Baronin vor der Stadt
Gestohlen worden sei, das schnüre
Das Herz ihr ab, sie hab' sie satt.
Brigitte warf sich vor ihr nieder,
Sie sei gewiß nicht mehr so dumm;
Den Abend aber schlief sie wieder
Bei ihrem Individium.
Und als die Herrschaft dann um Pfingsten
Ausflog mit dem Gesangverein,
Lud sie ihn ohne die geringsten
Bedenken abends zu sich ein.
Sofort ließ er sich alles zeigen,
Den Schreibtisch und den Kassenschrank,
Macht' die Papiere sich zu eigen
Und zollt' ihr nicht mal mehr den Dank.
Brigitte, als sie nun gesehen,
Was ihr Geliebter angericht',
Entwich auf unhörbaren Zehen
Dem Ehepaar aus dem Gesicht.
Vorgestern hat man sie gefangen,
Es läßt sich nicht erzählen, wo;
Dem Jüngling, der die Tat begangen,
Dem ging es gestern ebenso.

Die neue Kommunion

Eine Offenbarung Gottes
Gratisbeigabe zum »Neuen Vaterunser«

Lischen kletterte flink hinauf
Bis in die höchsten Äste,
Fing in der Schürze die Äpfel auf
Ihrer Mutter zum Feste.
  Ich lag unten, verliebt und faul,
Auf dem Rücken im Grase,
Mancher Apfel fiel mir ins Maul,
Mancher mir auf die Nase.
  Jetzt stand Lischen auf starkem Ast,
Schelmisch sah sie hernieder,
Ihres Leibes liebliche Last
Wiegte sich hin und wider.
  Innig umschlungen hielten sich
Splitternackt ihre Füße,
Öffneten sich und befühlten sich
Winkten mir tausend Grüße.
  Durch das Röckchen sandte der Tag
Seine goldenen Strahlen,
Was darunter geborgen lag
Farbenprächtig zu malen.
  Schimmernd rings um die zarte Haut
Wob sich gedämpfte Helle;
Welcher Meister hätt' je gebaut
Prächtiger eine Kapelle?
  Das Gewölbe so luftig leicht,
Schlank und stolz die Pilaster,
Unter Flammenküssen erweicht
Lebender Alabaster!
  Voller strömte das Licht herein,
Bunter bei jedem Schritte,
Ach, und flimmernder Heiligenschein
Floß um des Hauses Mitte!
  Kindlich faltet' ich da die Händ',
Betete fromm und brünstig:
Du mein heiligstes Sakrament,
Werde dem Sünder günstig!
  Laß mich's küssen in seinem Schrein,
Lieblichster Himmelsbote!
Laß mich nippen an deinem Wein,
Naschen von deinem Brote! –
  Sieh, und am nämlichen Abend schon,
Tief in die Kissen gebettet,
Ward in andächtiger Kommunion
Meine Seele gerettet.

Schicksal

Stürme durchtoben die bange Brust;
Stürmisches Leid und stürmische Lust
Sausen hindurch mit schaurigem Wehen,
Schleudern mich aus des Mißgeschicks Nacht
Auf zu des Glückes sonnigen Höhen.
Sprachlos begaff' ich die strahlende Pracht,
Schau' ich des Weibes hehre Gestalt,
Wie sie die Träume der Jugend verheißen,
Und es ergreift mich, mit blinder Gewalt
An die pochende Brust sie zu reißen.
Sie aber zieht mich auf schwellende Kissen,
Preßt mich an ihren üppigen Leib,
Und überwältigt von wilden Genüssen
Halt' ich umklammert das schöne Weib.
Siehe da, gleich einem wogenden Meer
Wälzt sich gewaltig das Unglück her.
Jäh zerschmetternde Blitze flammen
Nieder aus düsterem Wolkenthron;
Über dem trunkenen Erdensohn
Schlagen die schäumenden Fluten zusammen. – –
Als die Sonne wiederum schien,
Gleitet ein Nachen darüber hin.
Schimmernd steigt aus der Wellen Gischt
Ein Regenbogen, der bald erlischt;
Von dem Verunglückten fand sich nischt.

Coralie

I

Hüpfe nicht mit nacktem Fuße
In den tollen Gischt hinein;
Stürz dich in das Meer der Buße,
Wasch dir deine Seele rein.
Badst du doch an diesen Küsten
Deinen Busen marmorweiß,
Nur um dich damit zu brüsten
Abends im Bekanntenkreis.

II

Wie dort durch der Brandung Zischen
Sich erstreckt der Hafendamm,
So erstrecke ich mich zwischen
Dich und deinem Bräutigam.
Auf neutralem Boden schlummern
Ist mir ein besondrer Reiz,
Wie das Leben zwischen Pummern
Und Palermo in der Schweiz.
Eisig krappelt's übern Rücken,
Schloßenschauer fühl' ich nah;
Hingestreckt vor meinen Blicken
Feurig glüht Italia.

Herbst

Altes Lied

Es war einmal ein Bäcker,
Der prunkte mit einem Wanst,
Wie du ihn kühner und kecker
Dir schwerlich träumen kannst.
Er hat zum Weibe genommen
Ein würdiges Gegenstück;
Sie konnten zusammen nicht kommen,
Sie waren viel zu dick.

Bajazzo

(Aus »König Nicolo«)

Seltsam sind des Glückes Launen,
Wie kein Hirn sie noch ersann,
Daß ich meist vor lauter Staunen
Lachen nicht noch weinen kann!
   Aber freilich steht auf festen
Füßen selbst der Himmel kaum,
Drum schlägt auch der Mensch am besten
Täglich seinen Purzelbaum.
   Wem die Beine noch geschmeidig,
Noch die Arme schmiegsam sind,
Den stimmt Unheil auch so freudig,
Daß er's innig lieb gewinnt!

Das Lied vom armen Kind oder Wer zuletzt lacht, lacht am besten

Es war einmal ein armes Kind,
Das war auf beiden Augen blind,
Auf beiden Augen blind;
Da kam ein alter Mann daher,
Der hört' auf keinem Ohre mehr,
Auf keinem Ohre mehr.
Sie zogen miteinander dann,
das blinde Kind, der taube Mann,
Der arme, alte, taube Mann.
So zogen sie vor eine Tür,
Da kroch ein lahmes Weib herfür,
Ein lahmes Weib herfür.
Bei einem Automobilunglück
Ließ sie ihr linkes Bein zurück,
Das ganze Bein zurück.
Nun zogen weiter alle drei,
Das Kind, der Mann, das Weib dabei,
Das arme, lahme Weib dabei.
Ein Mägdlein zählte vierzig Jahr,
Derweil sie stets noch Jungfrau war,
Noch keusche Jungfrau war.
Um sie dafür zu strafen hart,
Schuf Gott ihr einen Knebelbart,
Ihr einen Knebelbart.
Sie flehte: Laßt mich mit euch gehn,
Ihr Lieben, laßt mich mit euch gehn,
So wird noch Heil an mir geschehn!
Am Wege lag ein räudiger Hund,
Der hatte keinen Zahn im Mund,
Nicht einen Zahn im Mund;
Fand er mal einen Knochen auch,
Er bracht' ihn nicht in seinen Bauch,
Ihn nicht in seinen Bauch.
Nun trabte hinter den anderen vier,
Wiewohl es am Verenden schier,
Das alte, räudige Hundetier.
Ein Dichter lebt' in tiefster Not,
Er starb den ewigen Hungertod,
Den ewigen Hungertod.
Mit Herzblut schrieb er sein Gedicht,
Man druckt es nicht, man liest es nicht,
Und niemand kennt es nicht.
Sein Leib war krank, sein Geist war wund,
Drum schloß er mit dem räudigen Hund
Der Freundschaft heiligen Seelenbund.
Und dann schrieb er zu aller Glück
Ein wundervolles Theaterstück,
Ein wundervolles Stück,
In welchem die Personen sind
Der taube Mann, das blinde Kind,

Das arme, blinde Kind,
Das lahme Weib, die Jungfrau zart
Mit ihrem langen Knebelbart,
Die Jungfrau mit dem Knebelbart.
Und eh' die nächste Stund' entflohn,
Konnt' jeder seine Rolle schon,
Die ganze Rolle schon.
Verständnisvoll führt' die Regie
Das alte, räudige Hundevieh,
Das räudige Hundevieh.
Drauf ward das Schauspiel zensuriert
Und einstudiert und aufgeführt
Und ward ganz prachtvoll kritisiert.
Die Künstler fanden viel Applaus,
Man spannt dem Hund die Pferde aus
Und zieht ihn selbst nach Haus.
Da gab's nun auch Tantiemen viel
Und hohe Gagen für das Spiel,
Das ungemein gefiel. –
Nachdem sie ganz Europa sah,
Da reisten sie nach Amerika,
Nach Nord-und Südamerika.
Nun hört zum Schluß noch die Moral:
Gebrechen sind oft sehr fatal,
Sind manchmal eine Qual;
Frau Poesie schafft ohne Graus
Beneidenswertes Glück daraus,
Sie schafft das Glück daraus.
Dann schwillt der Mut, dann schwillt der Bauch,
Und sei's bei einer Jungfrau auch. –
So ist's der Menschheit guter Brauch.

Tiefer Friede

Die Tage verblassen, die Stunden zergehn,
Die Waffen rasten und rosten;
Ich bin von vorn und von hinten besehn
Ein armer verlorener Posten.
Es kreisen die Dohlen, es kriecht das Gewürm,
Die Menschen hassen und lieben;
Ich bin wie ein alter Regenschirm
In Gedanken stehengeblieben.
Staub deckt meine Falten, es wackelt der Knauf,
Es wankt das Skelett unterm Knaufe;
Ich wollte, des Schicksals Hand spannte mich auf
Und hielte mich unter die Traufe.

Lulu

Ich liebe nicht den Hundetrab
Alltäglichen Verkehres;
Ich liebe das wogende Auf und Ab
Des tosenden Weltenmeeres.
Ich liebe die Liebe, die ernste Kunst,
Urewige Wissenschaft ist,
Die Liebe, die heilige Himmelsgunst,
Die irdische Riesenkraft ist.
Mein ganzes Innre erfülle der Mann
Mit Wucht und mit seelischer Größe.
Aufjauchzend vor Stolz enthüll' ich ihm dann,
Aufjauchzend vor Glück meine Blöße.

An einen Hypochonder

Du runzelst die Stirne,
Du wetterst und schreist,
Dieweil mit der Birne
Den Wurm du verspeist.
Was folgst du empfindlich
Der grausigen Spur?
Erfreu dich doch kindlich
Der reichen Natur.
Je herber dein Liebchen,
Um so süßer sein Kuß,
Und je kleiner sein Stübchen
Desto größer dein Genuß.

Der Zoologe von Berlin

Hört ihr Kinder, wie es jüngst ergangen
Einem Zoologen in Berlin!
Plötzlich führt ein Schutzmann ihn gefangen
Vor den Untersuchungsrichter hin.
Dieser tritt ihm kräftig auf die Zehen,
Nimmt ihn hochnotpeinlich ins Gebet
Und empfiehlt ihm, schlankweg zu gestehen,
Daß beleidigt er die Majestät.
Dieser sprach: Herr Richter, ungeheuer
Ist die Schuld, die man mir unterlegt;
Denn daß eine Kuh ein Wiederkäuer,
Hat noch nirgends Ärgernis erregt.
So weit ist die Wissenschaft gediehen,
Daß es längst in Kinderbüchern steht.
Wenn *Sie* das auf Majestät beziehen,
Dann beleidigen *Sie* die Majestät!
Vor der Majestät, das kann ich schwören,
Hegt' ich stets den schuldigsten Respekt;
Ja, es freut mich oft sogar zu hören,
Wenn man den Beleidiger entdeckt;
Denn dann wird die Majestät erst sehen,
Ob sie majestätisch nach Gebühr.
Deshalb ist ein Mops, das bleibt bestehen,
Zweifelsohne doch ein Säugetier.
Ebenso hab' vor den Staatsgewalten
Ich mich vorschriftsmäßig stets geduckt,
Auf Kommando oft das Maul gehalten
Und vor Anarchisten ausgespuckt.
Auch wo Spitzel horchen in Vereinen,
Sprach ich immer harmlos wie ein Kind.
Aber deshalb kann ich von den Schweinen
Doch nicht sagen, daß es Menschen sind.
Viel Respekt hab' ich vor dir, o Richter,
Unbegrenzten menschlichen Respekt!
Läßt du doch die ärgsten Bösewichter
In Berlin gewöhnlich unentdeckt.
Doch wenn hochzurufen ich mich sehne
Von dem Schwarzwald bis nach Kiautschau,
Bleibt deshalb gestreift nicht die Hyäne?
Nicht ein schönes Federvieh der Pfau?
Also war das Wort des Zoologen,
Doch dann sprach der hohe Staatsanwalt;
Und nachdem man alles wohl erwogen,
Ward der Mann zu einem Jahr verknallt.
Deshalb vor Zoologie-Studieren
Hüte sich ein jeder, wenn er jung;
Denn es schlummert in den meisten Tieren
Eine Majestätsbeleidigung.

Der Lehrer von Mezzodur

In Mezzodur war ein Lehrer,
Sigmund Zus war er genannt,
Als ein braver Mann geachtet,
In der Gegend wohlbekannt.
Er war Gatte und auch Vater
Von drei Kindern, noch so klein;
Leider lebte er nicht glücklich,
Denn die Eh' ward ihm zur Pein.
Ein Verdacht regt' sich im Herzen,
Seine Frau sei ungetreu,
Daß ein andrer, nicht er selber,
Vater seiner Kinder sei.
Und von Eifersucht gepeinigt
Lebte fürder er dem Wahn;
Als er sich betrogen glaubte,
Reifte leider rasch der Plan.
Eines Nachts zwang er die Gattin,
Daß sie ein Bekenntnis schrieb,
Das er selber ihr diktierte
Und ihr Todesurteil blieb.
Als sie drin den Vater nannte
Ihrer Kinder – ach! o Gott! –
Schoß er die drei armen Kleinen
In dem Bett mit Kugeln tot.
Darauf hat er sie gezwungen,
Sich zu legen auf das Bett,
Hat sie dann auch umgebrungen,
Wie sie ihn auch angefleht.
Er legt' nun selber Hand an sich
Und endete dann fürchterlich.
Das Dienstmädchen, das zugegen war,
Mußte leuchten mit dem Licht
Und erzählt's mit Grauen und Entsetzen
Dem Gericht.

Winter

Der Tantenmörder

Ich hab' meine Tante geschlachtet,
Meine Tante war alt und schwach;
Ich hatte bei ihr übernachtet
Und grub in den Kisten-Kasten nach.
Da fand ich goldene Haufen,
Fand auch an Papieren gar viel
Und hörte die alte Tante schnaufen
Ohn' Mitleid und Zartgefühl.
Was nutzt es, daß sie sich noch härme –
Nacht war es rings um mich her –
Ich stieß ihr den Dolch in die Därme,
Die Tante schnaufte nicht mehr.
Das Geld war schwer zu tragen,
Viel schwerer die Tante noch.
Ich faßte sie bebend am Kragen
Und stieß sie ins tiefe Kellerloch. –
Ich hab' meine Tante geschlachtet,
Meine Tante war alt und schwach;
Ihr aber, o Richter, ihr trachtet
Meiner blühenden Jugend-Jugend nach.

Auf dem Faulbett

Auf mein Faulbett hingestreckt
Überdenk' ich so meine Tage,
Forschend, was wohl dahintersteckt.
Daß ich nur immer klage.
   Ich habe zu essen, ich habe Tabak,
Ich lebe in jeder Sphäre,
Ich liebe je nach meinem Geschmack
Blaustrumpf oder Hetäre.
   Die sexuelle Psychopathie,
Ich habe sie längst überwunden –
Und dennoch, ich vergess' es nie,
Es waren doch schöne Stunden.

Trost

Der Tod kommt bald und sicher,
Hält stets sich in der Näh'.
Er ist ein fürchterlicher
Tröster im Erdenweh.
  Ich hasse ihn nicht aus Liebe,
Ich liebe ihn heiß aus Haß.
Wenn man unsterblich bliebe,
Wie grauenvoll wäre das!
  Des Fressens und Weitergebens
Urewige Wiederkehr
Als höchsten Ertrag des Lebens
Ertrag' ich nicht länger mehr.

Wilhelmine

I

Warum drängst du dich in meine Träume?
Warum hemmst du meiner Schritte Lauf?
Warum füllst du alle Himmelsräume,
Blick' ich nächtens zu den Sternen auf?
Stör' ich deiner Seele heiligen Frieden,
Warum machst du, Mädchen, dich so breit?
Und »Nicht doch!« entgegnest du entschieden
Wie der Genius der Enthaltsamkeit.
Ach, so kann es nicht mehr lange dauern;
Ach, es wälzt sich drohend Ach auf Ach;
Laß dir deine Zimmertür vermauern,
Oder fürchte den Zusammenkrach.

II

Und nun ist es doch gekommen,
Trotz des stolzen Sinns im Köpfchen;
Und wir haben von dem Töpfchen
Kühn den Deckel abgenommen.
Schwüler Paradieses-Brodem
Stieg mir schmeichelnd in die Nase,
Dennoch bangt' ich wie ein Hase
Vor dem Pechgeruch von Sodom.
Zwei von heißer Glut erfüllte,
Mitternächtlich helle Sterne
Blinken träumend in die Ferne,
Die sich scheu in Nebel hüllte.

Erdgeist

Greife wacker nach der Sünde;
Aus der Sünde wächst Genuß.
Ach, du gleichest einem Kinde,
Dem man alles zeigen muß.
Meide nicht die ird'schen Schätze:
Wo sie liegen, nimm sie mit.
Hat die Welt doch nur Gesetze,
Daß man sie mit Füßen tritt.
Glücklich, wer geschickt und heiter
Über frische Gräber hopst.
Tanzend auf der Galgenleiter

Hat sich keiner noch gemopst.

Gedichte

An mich

Wenn dir ein Schaden am Leibe frißt,
Jammre nicht, sondern handle;
Und wenn du glücklich gewesen bist,
Nimm dein Bett und wandle.
   Ärgert dein Aug dich, so reiß es aus,
Sonst ärgert es dich an beiden;
Und keift dir ein schlimmes Weib zu Haus,
So geh und lasse dich scheiden.
   Und wird dir das Beten und Fasten zu dumm,
Richte, schlichte, verzichte;
Und haranguiere das Publikum
Nicht erst durch Weltschmerzgedichte.

Auf eigenen Füßen – Donnerwetter

In der Jugend früh'ster Pracht
Tritt sie einher – Donnerwetter,
Nur von Eitelkeit erfüllt,
Das Herz noch leer – Donnerwetter,
Ganz mit frühlingsfrischen Reizen
Angetan – Donnerwetter,
Und erblickt in allen Männern
Nur den Mann – Donnerwetter!
Donnerwetter, zeigt der Gang,
Donnerwetter, Überschwang!
Donnerwetter, diese Glieder,
Donnerwetter, welch ein Fang!
Donnerwetter, erst im Traum,
Donnerwetter, gibt sie kaum
Ihrer Neigung hin und wieder
Etwas Raum – Donnerwetter!
Donnerwetter, aber plötzlich
Drängt die Leidenschaft zum Ziel.
Donnerwetter, hochergötzlich,
Donnerwetter, wird das Spiel!
Donnerwetter, sinkt zurück,
Donnerwetter, voller Glück
Sie zum ersten Male nieder,
Welch ein *Blick* – Donnerwetter!
Juchhei, hallo,
Wie fühlt die Maid sich froh!
Hallo, juchhei,
In ihres Lebens Mai!
Wenn auch der Mai mit Sturm begann,
Lustig geht's fortan:
Heute mit den Fürstenkindern,
Morgen mit den Bürstenbindern.
Wild saust sie durchs Leben dann,
Donnerwetter, unter Jubel und Geschrei –
Juchhei!
Wie kühn sie's ersann,
Wie klug sie's gewann,
Voll Grauen erzählt's so mancher Mann –
Donnerwetter!

Aus den Böhmischen Wäldern I

Verehrte Frau Redaktion!
Indem ich meine neue Adresse
Ihnen zu übermitteln hiermit nicht vergesse,
Sende ich auch mein getreues Konterfei,
Aber nicht für eine hohe Polizei, anbei.
Es haben nämlich einige wackre Gesinnungsgenossen
Endgültig diese Welt zu verbessern beschlossen;
Und meine Adresse lautet von nun an:
An den gefürchteten Räuberhauptmann
Hieronymo Jobsio, in den Böhmischen Wäldern. –
Da es nun nicht fehlt an nötigen Geldern,
Bitte mir mein übliches Honorar
Nun nicht mehr zuzuschicken in bar,
Sondern in abgelegten Offizieren und Musketen,
Die uns Ihr verehrter Kriegsminister wird abtreten;
Und wir ersuchen Sie, zu diesem Behuf
In Ihrer Zeitung zu erlassen einen Aufruf:
Universitätsprofessoren, Ex-Kanzler und kleinere Fürsten,
So nach einem angemessenen Wirkungskreise dürsten,
Verhungerte Schulmeister, Angestellte der Privatpost
Finden Beschäftigung, Logis und Kost;
Ingleichen Damen aus höheren und höchsten Kreisen,
Die gerne auf Vergnügungsreisen entgleisen,
Müde des eheherrlichen Gegrunz und Ehebunds,
Finden die herzlichste Aufnahme bei uns. –
Hinwieder werden wir uns stets beehren,
Sie zu versehen mit benötigten Sitzredakteuren,
Weil in diesem geschätzten Artikel man
Nie genug auf Lager haben kann.
Geehrter Herr Sitzredakteur, ich ergreife
Die günstige Gelegenheit gerne beim Schweife,
Um Ihnen mein Weltverbesserungsprogramm
Auseinanderzusetzen: Seit Urvater Adam
Teilen sich die Bewohner dieser Erden
In solche, die prügeln, und solche, die geprügelt werden.
Von jetzt ab aber prügelt jeder, was er kann. –
Meine andere Weltverbesserung lautet alsdann:
Ausgetilgt sind auf Erden alle Grenzen
Zwischen sogenannten Nationen, denn sie sollen sich ergänzen. –
Meine dritte Weltverbesserung heißt:
Herrscher sei der entfesselte souveräne Geist!
»Ich schwärme für Spezialitäten, aber nicht für Altertümer!«
Sagte mir einmal ein galantes Frauenzimmer.
Ebenso huldigt der moderne Mensch
Nicht den Altertümern, sondern der Intelligensch.
Geehrter Herr Sitzredakteur! Ich hätte
In der Berliner Universität am schwarzen Brette
Gerne diesen Aufruf, denn ein Karl Moor
Schlummert in manchem Universitätsprofessor.

Manche von ihnen sind zwar ziemliche Kriecher,
Doch ist der Herausgeber der Preußischen Jahrbücher,
Verfolgt von Köller, Bosse und ihrer Brut,
Für die süße Reichsmetropole zu gut.
Verehrte Frau Redaktion! Der ehemalige Nachtwächter,
Spätere Pastor und gegenwärtige Menschenschlächter,
Zu rächen die Greuel der Inquisition,
Ritter der Finsternis, des urewigen Erdgeistes Sohn,
Entbietet dir hiermit aus den Wäldern Böhmens
Kollegialen Gruß. Das Delirium tremens
Lockert unserer Feinde geschlossenen Waffenring,
Ehe ich meine Terzerole noch zum Schießen bring'.
Mögen sie blindlings mit giftigen Klauen dreinhauen.
Unser ist ein unerschütterliches Gottvertrauen,
In welchem ich zeichne, meines neuen Berufes froh,

Ihr ergebenster Räuberhauptmann

Hieronymo Jobsio.

Aus den Böhmischen Wäldern II

Geehrter Herr Schriftleiter!
Ich ergreife die Feder
Und schreibe Ihnen unter dem Heut'gen entweder
Wieder ein neues politisches Gedicht,
Oder ich schreibe dasselbe nicht.
Es bleibt mir nämlich mit dem besten Willen
Keine dritte Möglichkeit zu erfüllen;
Daher das eine oder das andere zu tun
Kann ich leider nicht umhuhn.
Während man in Berlin Delbrücken in den Karzer
Schickt, erteilt man in Wien den Grillparzer-
Preis zum zweitenmal dem Dichter Hauptmann.
Was ist denn Überraschendes daran?
In Berlin wird auf den Dichter Hauptmann verzichtet,
Denn man hat einen wirklichen Hauptmann, der dichtet;
Während der mit dem Vornamen Gerhart
Zum Militärdienst nicht zugelassen ward.
Das zeigt sich in seiner poetischen Gestaltung:
Seinen Helden fehlt jede schneidige Haltung;
Weder Kollega Crampton noch der junge Vockerat
Legen die Hand an die Hosennaht.
Was soll aber bei so respektwidrigen Gebärden
Aus unserer deutschen Dichtung werden?
Dasselbe was vor hundert Jahren ward;
Damals sang zum Beispiel ein gewisser Schubart:
»Es ist die Hand herabgefault zum Knochen,
Die einst mit starrem Federzug
Den Weisen, der am Thron zu laut gesprochen,
In eherne Fesseln schlug!«
Gott möge nun unsere fürstlichen Hände
Gnädigst behüten vor einem ähnlichen Ende.
Was aber ein richtiger Weiser ist, der schnauft
Im Kerker besser, als wenn er frei herumlauft. –
Ich hatte die Ehre, geehrter Herr Schriftleiter,
Ihnen als Ihr politischer Mitarbeiter
Mitzuteilen in meinem letzten Brief,
Daß ich eine Räuberbande ins Leben rief.
Ich habe mich nun mit meinen Genossen beraten
Zur Gründung einer Hochschule für Diplomaten,
In welcher sich fachmännischer Unterricht
Mit praktischen Übungen verflicht.
Es rechnet dabei unsere geschätzte Bande
Auf einen starken Zuspruch aus dem Auslande,
Wogegen für Zöglinge deutscher Nationalität
Enorme Preisermäßigung besteht.
Der Unterricht in Militär- und Marinevorlagen
Wird von einem ehemaligen Bankdirektor vorgetragen,
Bei dem die Phantasie dermaßen überwog,
Daß er sich aus dem Geschäftsleben zurückzog.

Nicht besser erging es unserem Dozenten
Für Verfassungsbrüche und Kronprätendenten;
Er war in der Friedrichstraße in Berlin
So gut wie verlobt, aber seine Braut betrog ihn.
Hingegen wird das Kolleg über Gesandtschaftswesen
Von einem pensionierten Lockspitzel gelesen;
Der Mann ist allerdings noch jung,
Hat aber große Welterfahrung.
Einen phänomenalen Säufer und Fresser
Mästen wir für Agrikultur als Professor,
Weil dieser Gelehrte vorzüglich düngt,
Wie denn auch seine Rede schon stinkt.
Über Zollpolitik und soziale Fragen
Wagen wir allesamt etwas vorzutragen,
Weil hierin der Räuber von Beruf
Wahre Musterinstitutionen schuf.
Ganz ohne Zweifel ist aber die Perle
In dieser Gesellschaft kreuzbraver Kerle
Unser Professor für geistige Angelegenheit,
Geradezu ein Unikum von Borniertheit,
Trefflich bewandert in höfischen Sitten
Und in Disziplinarverfahren beritten;
Wie ein Rhinozeros reitet er prompt
Nieder, was ihm geistig in den Weg kommt.
Gott möge ihm sein schönes Leben auf Erden
Gütigst erhalten, damit er kann werden,
Wenn unser lieber Herr von Bosse geht,
Minister der deutschen Intellektualität.
Ich habe Ihnen, geehrter Herr Schriftleiter,
Unter dem heutigen Datum weiter
Nichts mitzuteilen und verbleibe dann

Ihr ergebener

Hieronymo Jobsio, Räuberhauptmann.

Das Lied vom gehorsamen Mägdlein

Die Mutter sprach in ernstem Ton:
Du zählst nun sechzehn Jahre schon;
Drum, Herzblatt, nimm dich stets in acht,
Besonders bei der Nacht.
Verlier dich von dem Lebenspfad
Nie seitwärts ins Geheg,
Geh immer artig kerzengrad
Den goldenen Mittelweg.
  Da kommt nun in der Dämmerstund'
Des Pulvermüllers Heinrich und
Küßt mich – mir ward gleich angst und bang –
Wohl auf die rechte Wang':
O Heinrich, das verbitt ich mir;
Sieht's Mutter, setzt es Schläg'.
Am allerbesten wählen wir
Den goldenen Mittelweg.
  Und plötzlich schreit er glutentflammt:
Ich führe dich zum Standesamt! –
Schweig, sag ich, unverschämter Wicht;
Dahin bringst du mich nicht! –
Da flüstert er und freut sich schier,
Weil ich's mir überleg:
Nun gut, mein Schatz, dann wählen wir
Den goldenen Mittelweg.
  Und wenn ich nun zur Ruh' mich leg',
Mir träumt vom goldenen Mittelweg;
Mein Spielzeug macht mir kein Pläsier,
Ich gäb' es gern dafür,
Gäb meine Schuh', mein Röcklein fein,
Weiß Gott, ich gäb noch mehr;
Hätt nie geglaubt, daß ich solch ein
Gehorsam Mägdlein wär.

Der Andere

Nirgends vergißt sich so leicht
Der Liebe Lust, der Liebe Schmerz
Wie in den Armen eines andern.
Schwarz war dein Auge, mein Freund,
Schwarz wie die Nacht, wolkenumhüllt.
Blau strahlt das Auge des andern.
Keiner wohl küßte wie du,
Sanft wie ein Hauch am Maientag.
Stürmisch jetzt küßt mich der andre.
Treulos und falsch war dein Herz.
Doch auch dafür find' ich Ersatz,
Denn schon betrügt mich der andre.

Des Dichters Klage

Schwer ist's heute, ein Gedicht zu machen,
Darum läßt man es am besten sein;
Wenn die Menschen wirklich drüber lachen,
Sperrt man den Verfasser meistens ein;
Wenn sie sich jedoch in Tränen winden,
Dann verhungert schließlich der Poet,
Deshalb wird man es begreiflich finden,
Daß die Poesie zugrunde geht.
Niemand weiß die Freiheit so zu schätzen
Wie der Dichter oder Redakteur;
Wenn sie ihn in das Gefängnis setzen,
Schreibt er manchmal überhaupt nichts mehr.
Statt in die Geschichte der Kalifen
Oder in die Dame, die er liebt,
Seine schöne Seele zu vertiefen,
Fängt er Fliegen, wenn es welche gibt.
Ließe sich die Allmacht doch erweichen,
Die den Menschen mit dem Fluch bedacht,
Daß er immer über seinesgleichen
Witze, Dramen und Novellen macht!
Zählt die Zuchthaus-Jahre man zusammen,
Die von lyrischen Gedichten her
Und von ähnlichen Verbrechen stammen,
Ein Jahrtausend gibt es ungefähr!
In der Politik, das muß man sagen,
Geht ja freilich alles wie geschmiert:
Unsre Größe liegt der Welt im Magen,
Und damit man gänzlich nicht verliert,
Bleiben Schweine dauernd ausgeschlossen,
Weil man ohnehin genug versaut. –
Fröhlich schnarchen Mirbach und Genossen
Wie vorzeiten auf der Bärenhaut.
Schade nur, daß wir nicht vorgeschritten
In der Politik wie Rußland sind;
Unsre Leute muß man immer bitten,
Bis man ihnen etwas abgewinnt.
Dort hingegen braucht man nur zu sagen:
Liebe Kinder, macht die Börse breit,
Sonst wird euch der Kopf vom Rumpf geschlagen!
Käm' es endlich auch bei uns so weit!
War nicht Bismarck doch ein arger Stümper,
Daß er stets dagegen sich gesträubt?
Wolle Gott, daß nichts von seiner zimper-
Lichen Staatsraison am Leben bleibt!
Nichts als Nörgler hat er uns geschaffen,
Von dem kindlichsten Vertrauen voll;
Dabei stritt er sich sogar mit Pfaffen!
Ist ein solcher Mensch nicht grauenvoll?
Doch ich weiß uns Rat aus der Bedrängnis:
Laßt den Reichstags-Kasten nur in ein

Majestäts-Beleidigungs-Gefängnis
Umgebaut und umgewandelt sein,
Dann sind wir erlöst von allem Bösen;
Tierisch vegetiert des Volkes Sinn,
Und ich bleibe, wie ich stets gewesen,

Ihr devoter Dichter

Benjamin.

Die Hunde

Elegie

Es waren einmal zwei Hunde,
Wie war das Herz ihnen schwer!
Sie liefen wohl eine Stunde
Hintereinander her.
Sie hofften, in liebendem Bunde
Werd ihnen leicht und frei,
Und waren doch nur zwei Hunde,
Und keine Hündin dabei.
Das ist die soziale Misere,
Die Sphinx in der Hundewelt,
Daß man vom Hundeverkehre
Die Hündinnen ferne hält.
Die Hündinnen werden ja häufig
Gleich nach der Geburt ersäuft,
Und wird eine Hündin läufig,
Verhindert man, daß sie läuft.
Man läßt sie aus ihrem Kerker
Tag und Nacht nicht heraus;
Knurrend liegt Bella im Erker
Zu Füßen der Tochter vom Haus.
Lisettchen starrt in die Zeilen
Und zittert wohl mit den Knien,
Zuckt mit den Lippen bisweilen,
Und beide denken an ihn.
Wallt man im Familienvereine
Sonntags vors Tor hinaus,
Bella geht an der Leine
Zugleich mit der Tochter vom Haus.
Hier rücken heran die Studenten,
Dort naht sich Nero galant;
Wie wird von beiden Enden
Die arme Leine gespannt!
In einem Rudel Hunde
Kam schließlich man überein,
Es möge nun in der Runde
Jeder mal Hündin sein.
Das Auge, angstvoll, trübe,
Schweift ferne zum Horizont,
Als spräch's: Und das hat der Liebe
Himmlische Macht gekonnt.
Der kleine Fritz ging vorüber
Und sagte: Lieber Papa,
Sage mir doch, du Lieber,
Was machen die Hunde da?
Papa entgegnet: Das nennt man,
Darf dir nicht sagen wie;

An diesen Greueln erkennt man
Das lausige Hundevieh.

Die Realistin

Rosetta behauptet, die Liebe
Sei lediglich Schweinerei,
Die man nur deshalb betriebe,
Weil einem so wohl dabei.
  Daß Menschen an Liebe gestorben,
Das sei nicht schwer zu verstehn.
Sie hätten sich eben verdorben,
Wie's öfter pflegt zu geschehn.
  Sie selber nähme das peinlich,
Denn ein verliebtes Schwein,
Das müsse auswendig so reinlich
Wie ein Engel inwendig sein.

Die Schriftstellerhymne

Aus »Franziska«

Der Schriftsteller geht dem Broterwerb nach,
Mit ausgefransten Hosen.
Er schläft sieben Treppen hoch unterm Dach,
Mit ausgefransten Hosen.
Schöner, grüner,
Schöner, grüner Lorbeerzweig, der dich neckt
Und die Stirn bedeckt, wenn der Lump verreckt,
Mit ausgefransten Hosen.
Ist irgendwer gegen sein Schicksal erbost,
Mit ausgefransten Hosen,
Der Schriftsteller bringt auch dem Ärmsten noch Trost,
Mit ausgefransten Hosen.
Schöner, grüner,
Schöner, grüner Lorbeerzweig, der dich neckt
Und die Stirn bedeckt, wenn der Lump verreckt,
Mit ausgefransten Hosen.
Der König spricht nach, was ein Schriftsteller schrieb,
Mit ausgefransten Hosen.
Dem Volk ist er fast wie sein König so lieb,
Mit ausgefransten Hosen.
Schöner, grüner,
Schöner, grüner Lorbeerzweig, der dich neckt
Und die Stirn bedeckt, wenn der Lump verreckt,
Mit ausgefransten Hosen.
Der Schriftsteller ragt zu den Sternen empor,
Mit ausgefransten Hosen.
Er raunt seiner Zeit ihre Wonnen ins Ohr,
Mit ausgefransten Hosen.
Schöner, grüner,
Schöner, grüner Lorbeerzweig, der dich neckt
Und die Stirn bedeckt, wenn der Lump verreckt,
Mit ausgefransten Hosen.
Der Schriftsteller schafft am Webstuhl der Zeit,
Mit ausgefransten Hosen.
So wirkt er der Gottheit lebendiges Kleid,
Mit ausgefransten Hosen.
Schöner, grüner,
Schöner, grüner Lorbeerzweig, der dich neckt,
Und die Stirn bedeckt, wenn der Lump verreckt,
Mit ausgefransten Hosen.
Und trägt er die Schriftstellerei zu Grab,
Mit ausgefransten Hosen,
Gleich lösen ihn hundert Schriftsteller ab,
Mit ausgefransten Hosen.
Schöner, grüner,
Schöner, grüner Lorbeerzweig, der dich neckt,

Und die Stirn bedeckt, wenn der Lump verreckt,
Mit ausgefransten Hosen.

Die sechzig Zeilen oder Die sieben Worte

I

Ich, der ich Ich bin,
Der Allgewaltige,
Ich bin der Verborgene,
Der dich zu seiner
Lust geschaffen hat.
Denn meine Freuden
Sind deine Schmerzen,
Denn mein Leben
Ist dein Tod.

II

Dein Eigen sollst du nicht nennen,
Nicht Erde, nicht Feuer, nicht Wasser,
Nicht Pferd, nicht Hund,
Nicht Vater, nicht Mutter,
Nicht Mann, nicht Weib, nicht Kind.

III

Deine Jagd nach Beute
Sollst du nicht Arbeit schmähn,
Denn besser, dem Jäger
Fehle die Beute,
Als daß sich der Jäger
Erjagen läßt
Und er genährt werde
Um seiner Arbeit willen.

IV

Züchtige den Körper nicht
Um der *Seele* willen,
Um des Körpers willen jedoch
Züchtige die Seele.
Denn deine Seele fürchte
Den seelischen Schmerz.
Deines Körpers Schmerzen aber
Sind deine herrlichsten Opfer.

V

Ich, der ich Ich bin,
Ich schuf den Menschen,
Damit er stirbt.
Ich, der ich Ich bin,
Schenkte dir *Wollust*,
Auf daß du den *Tod*
Nicht fürchtest,
Der du an deinem Tod
Deine Wollust sättigest.
Wehe dem, der seine Wollust
Sättigt an schlechterer Kost.
Er wird in der Dunkelheit
In Fäulnis zergehn.

VI

Halte die *Spiele*
Der Kinder heilig
Und störe sie nicht.
Denn in ihnen ist weder
Torheit noch Müßiggang.

VII

Du sollst nicht in Wollust lieben,
Sondern in Kraft
Und Selbstgefühl.
Du sollst nicht im *Dunkeln* lieben,
Sondern im *Licht*.
Wehe der Liebe,
Die an den Blicken
Der Menschen stirbt.
Denn wie deine Liebe,
So deine Kinder.
Wer aber im Dunkeln liebt,
Der lebt auch im Dunkeln.

Ein politisch Lied I

Nachstehende Verse wurden uns von einem Anonymus aus Berlin ohne Adresse eingesandt. Da sie für den Papierkorb zu gut und wir auf die vom Einsender angekündigte regelmäßige Fortsetzung gespannt sind, geben wir dem Poem im »Simplizissimus« einen Raum, obgleich es eigentlich nicht hineingehört. D. R.

Ich, der alte Hieronymus Jobsius,
Weiland Theologiae candidatus,
Bekannt dem zu verehrenden Publikum
Durch meine Lebensbeschreibung von Kortum.
Ich, der ich in verwichenen Phasen
Deutscher Entwicklung das Kuhhorn geblasen,
Finde, daß es jetzt das richtige ist,
Ich werde politischer Journalist.
Nicht, daß ich dem gegenwärtigen Kurs der Dinge
Keine Hochachtung entgegenbringe;
Ich bin nur der Überzeugung, ein Kuh-
Horn gehört notwendig dazu.
Was ist der Bürger, der zahlt die Steuern,
Um sich selbst noch das Brot zu verteuern,
Anderes als eine melkende Kuh? –
Höchstens noch ein Esel dazu.
Es haben nämlich agrarische Übergriffe
Und besonders die Panzerschiffe
Schon seit Jahren mein Herz empört.
Warum hat man nicht darauf gehört!
Aber unmöglich kann ich diese
Hereinbrechende Ministerkrise
Hereinbrechen lassen, ohne meinem Zorn
Luft zu machen durch mein Horn.
Treibt denn nicht die Politik ihre schönsten Blüten
Nur um alles Erdenkliche zu verhüten?
Aber fragt man, was sie will,
Dann wird sie auf einmal mäuschenstill.
Die Agrarier, das will ich ja gerne zugeben,
Sind von Gott auch geschaffen, damit sie leben,
Aber warum schöpfen sie nicht lange schon
Trost und Stärkung aus der Religion?
Alsdann sagten sie sich wohl in Bälde:
Sehet die Lilien auf dem Felde;
Sie säen nicht, sie ernten nicht, sie spannen niemand ins Joch
Und unser Vater im Himmel nährt sie doch!
Darum, wenn ich hätte die Ehre
Und der Kultusminister von Bosse wäre,
Müßte eine hohe Geistlichkeit
Solches verkünden weit und breit.
Aber was tut der Herr Minister indessen?
Jeder Schulmeister klagt über sein schlechtes Essen,
Wenn er im Jahr einmal etwas zu essen hat,
Denn gewöhnlich wird er nicht satt.

Muß er dann seinen Buben verkünden:
Du sollst dem Ochsen, der da drischet, das Maul nicht verbinden,
Dann blickt er aufwärts und sagt mit stolzem Sinn:
Ich danke dir, O Herr, daß ich kein Ochse bin;
Daß es für mein Vaterland ist eine Ersparung,
Wenn ich mich nähre von geistiger Nahrung,
Weil die leibliche aufgegessen wird
Von dem notleidenden Landwirt.
Wenn ich von einem armen Schulmeister höre,
Regt sich nämlich meine Standesehre,
Maßen ich vor manchem lieben Jahr
Auch einmal ein armer Schulmeister war.
Aber bei dem heutigen Treiben auf Erden
Hoffe ich Kultusminister zu werden;
Darum schimpfe ich auch auf ihn.
Man muß aus allem seinen Vorteil ziehn.
Da nehme man als Exempel den Herrn von Miquel!
Wer hätte dem sozialdemokratischen Karnickel
Vor dreißig Jahren prophezeit,
Er brächte es als Reineke Fuchs so weit.
Ich aber hingegen an seiner Stelle
Wüßte eine reichlich sprudelnde Quelle,
Aus der man noch manches Panzerschiff
Schöpfen könnte mit einem Griff.
Zollfrei sind immer noch unsere lieben Gedanken,
Die so üppig unter dem Himmel ranken
Besonders in unserem deutschen Land.
Miquel, wo hast du deinen Verstand!
Statt durch die Polizei zu überwachen,
Was wir uns für Gedanken machen,
Lasse doch gegen bares Geld
Jeden denken, was ihm gefällt.
Laß keine Bücher mehr konfiszieren;
Dabei kann man sein Geld nur verlieren.
Liebevoll mag es ja freilich sein,
Aber es bringt dem Staate nichts ein.
Bitte, stell dir vor, welche Unsummen
Nur allein durch Nietzsche zusammenkommen,
Wenn von jedem Deutschen, der nietzscht,
Etwas in die Staatskasse glitscht.
Auch soll man keine Versammlungen mehr auflösen,
Denn es verursacht nur böse Polizei-Spösen.
Schreie doch alles aus vollem Bauch!
Schrieest du, Miquel, nicht einst auch?
Und nun komme ich zur Vereinsnovelle;
Großer Gott, welche unerschöpfliche Geldquelle!
Ist es nicht wirklich eine Schmach,
Daß das halbe Vaterland noch liegt brach!
Deshalb, Miquel, eine letzte Bitte,
Bezugnehmend zu deinem demnächstigen Hintritte,
Wenn du als der Nachfolger von Fürst
Hohenlohe Reichskanzler würst.

Dann bitte ich, die Verwaltung der Reichskassen
Und das Finanzwesen überhaupt mir zu überlassen.
Du siehst aus meinen Plänen, daß es mir nicht
An der nötigen Inspiration gebricht.
Ich werde alles gewissenhaft verwalten,
Nur das Überflüssigste für mich behalten.
Denn hierin denk' ich wie ein Droschkenpferd:
Jede Arbeit ist ihres Lohnes wert.
Die Gedanken werde ich sofort verzollen,
Dann mögen die Deutschen denken, was sie wollen.
Sozialist, Anarchist und auch Konservativ,
Alles hat seinen bestimmten Tarif.
Schmoller, Delbrück und Genossen
Wird ferner nicht mehr der Mund verschlossen;
Ja, selbst die hohe Beleidigung ist frei,
Vorausgesetzt, daß sie richtig versteuert sei.
Denn wie mancher Ehrsame fühlte sich gedrungen
Zu solcher Art von Beleidigungen,
Indem er die Beleidigung in einer Anwandlung
Von sprachloser Verwundrung begung.
Deshalb soll man ihn darob nicht richten,
Maßen man keinen Bürger verpflichten
Kann, so fromm ihn auch Gott geschaffen haben mag,
Seine Gedanken zu denken im Zick-Zack.
So, Miquel, nun kennst du meine Pläne.
Indem ich mich sehr nach deinem Portefeuille sehne,
Verbleib' ich indessen mit herzlichem Gruß

Dein getreuer Vetter

Hieronymus.

Ein politisch Lied II

Teure Frau Redaktion, nie sollst du mich befragen
Nach dem, was ich dir nicht kann sagen,
Sonst muß ich wie der edle Lohengrin
Von hinnen zieh'n mit meinem Schwin.
Was braucht eine Frau so genau auch zu wissen,
Von wem sie sich läßt herzen und küssen.
Richtiger denkt sie sich, dem Gaul,
Wenn er geschenkt ist, sieht man nicht ins Maul.
Unterlaß es daher, unvorsichtige Fragen zu stellen
Nach meiner Herkunft, Namen und Erwerbsquellen,
Dann bleibe ich dir treu als Hieronymus
Jobs, Wächter der Finsternus.
Um nun das politische Artikelschreiben
So trefflich als möglich zu betreiben,
Nenne mir, o Muse, diejenige Partei,
Bei der am meisten Geld zu verdienen sei.
Denn ohne das Geld müssen wir elend sterben.
Man kann es stehlen, erben oder auch erwerben,
Wobei es sich als praktisch empfiehlt,
Daß man niemals kleinere Summen stiehlt.
Denn für das Stehlen von kleineren Summen
Muß man baumeln oder wenigstens brummen.
Erben kann man hingegen, wie man will;
Der eine erbt wenig und der andere viel.
Das Gelderwerben ist äußerst gefährlich
Und der Ertrag in der Regel spärlich;
Deshalb erwirbt man nur, wenn man muß –
O ich armer Hieronymus!
Ich flehe nun noch einmal, meine teure Muse:
Mit der Seelenglut der Eleonore Duse
Verkünde, wo das größte Portemonnaie,
Auf daß ich mit patriotischer Be-
geisterung es meinen Händen erschließe
Und sein Gehalt in meine Taschen fließe.
An einer eigenen Überzeugung, Gott sei Dank,
Ist mein Dichter-Gemüt nicht krank. –
Und Jungfer Muse, erfreut ob meinem Eifer,
Streckt ihre Füßchen und putzt ihren Kneifer
Und spricht mit leiser Beugung des Kopfs:
Höre mich an, Hieronymus Jobs!
Östlich der Elbe haben die Junker
Großen Bedarf an patriotischem Geflunker;
Schreibe doch nur Artikel für sie,
Dann machst du noch eine feine Partie.
Der Heiratskontrakt ist sofort im reinen,
Schreibst du nur gegen die Einfuhr von Schweinen
Und kämpfst für das vaterländische Schwein;
Das wird auch für dich von Vorteil sein.
Hierauf entgegne ich: Holde Muse, ich begreife
Deine Güte, doch die Wurst schmeckt nach Seife.

Ich entsage jeglicher Schweinerei;
Nenne mir doch eine andere Partei!
Und Jungfer Muse, erfreut ob meinem Eifer,
Streckt ihre Füßchen, putzt ihren Kneifer
Und spricht mit leiser Beugung des Kopfs:
Höre mich an, Hieronymus Jobs!
Läßt du die Sozialdemokraten
In der tiefsten Hölle schmoren und braten,
Dann baut dir die deutsche Großindustrie
Ein Schloß am Rhein, und deine Poesie
Wird, wie bei Julius Wolff es gewesen,
Noch weit mehr gekauft als gelesen
In Pergament, Juchten und Saffian.
Und wenn du die Augen zugetan,
Errichtet man dir eherne Monumente,
Maßen jeder Backfisch über dir flennte,
Bis die Gattin schließlich gebar
Und sah, daß die Welt etwas anders war.
Hierauf entgegne ich: Holde Muse, ich begreife
Deine Güte, doch die Wurst schmeckt nach Seife.
Ich danke für alberne Lobhudelei;
Nenne mir daher eine andere Partei!
Und Jungfer Muse, erfreut ob meinem Eifer,
Streckt ihre Füßchen, putzt ihren Kneifer
Und spricht mit leiser Beugung des Kopfs:
Höre mich an, Hieronymus Jobs!
Habemus Papam. Ihr Lutheraner
Seid in der Schule der Welt die Quartaner,
Die hinter den Ohren nicht trocken sind,
Deren Streitmacht blonde Locken sind.
Dagegen erheben wir Ultramontanen
Zweitausendjährige Kriegesfahnen
Aus verschlissener Seide, aus Brokat und Samt
Und freuen uns, daß ihr auf ewig verdammt.
Lasset doch nur mal die Jesuiten
Wieder die jungen Küchlein ausbrüten,
Dann seid ihr Quartaner in Bälde so naß
Wie der Hahnen am Heidelberger Faß.
Hierauf entgegne ich: Holde Muse, ich begreife
Deine Ideale, doch die Wurst schmeckt nach Seife.
Ich gestehe mit Beschämung: Non possumus.
Videant Consules! Hieronymus.
Und Jungfer Muse, erfreut ob meinem Eifer,
Streckt ihre Füßchen und putzt ihren Kneifer
Und spricht mit leiser Beugung des Kopfs:
Höre mich an, Hieronymus Jobs!
Es existieren in unsern deutschen Fabeln
Außer Riesen und Drachen auch die Nationalmiserabeln
Neben Lindwurm und Bandwurm und anderm Gezücht,
Aber in Wirklichkeit existieren sie nicht.
Dagegen verehrt man ihre abgetragenen Schuhe
An einem Wallfahrtsort, genannt Friedrichsruhe.

Die Sohlen waten noch ziemlich tief,
Aber die Absätze sind getreten schief.
Hierauf entgegne ich: Holde Muse, ich vermisse
Deinen guten Geschmack, doch die Wurst schmeckt nach Seife.
Mich verwirrt die Marktschreierei,
Nenne mir daher eine andere Partei!
Und Jungfer Muse, erfreut ob meinem Eifer,
Streckt die Füßchen, putzt ihren Kneifer
Und spricht mit leiser Beugung des Kopfs:
Höre mich an, Hieronymus Jobs!
Es schneidet niemand charaktervollere Gesichter
Im Deutschen Reichstag als Eugen Richter,
Was nicht verwunderlich, denn er stützt
Sich auf die Volksklasse, die besützt.
Möge ihn Gott der Gerechte davor schützen,
Selber nur Charakter zu besützen,
Was indes nicht zu befürchten ist,
Maßen er ein braver, biederer Christ.
Wenn er statt dessen ein Jude wäre,
Regte sich jedenfalls die germanische Ehre,
Und er kämpfte, ehe man sich's versieht,
Als eingefleischter Antisemit.
So aber rezitiert er die deutsche Freiheitsposse
Von dem talentvollen Dichter Hieronymus Mosse,
Darin das Kapital nach allerhöchster Gnade schielt
Und dabei mit Glück die verfolgte Unschuld spielt.
Das Kapital muß nämlich stets ein wenig winseln,
Damit sich seine Reize anständig verzinseln.
Das übrige besorgt die Annoncen-Expedition
Eugen Richter und Artur Levysohn.
Hierauf entgegne ich: Holde Muse, ich begreife
Deine Güte, und die Wurst schmeckt auch diesmal nicht nach Seife,
Aber nach Knoblauch, und das ist einerlei;
Deshalb nenne mir rasch eine andere Partei!
Und Jungfer Muse, erstaunt ob meinem Gruseln,
Läßt sich noch einmal frisch übermuseln
Und spricht mit leiser Beugung des Kopfs:
Höre mich an, Hieronymus Jobs!
Leider gibt es in allen deutschen Staaten
Auch sogenannte Sozialdemokraten,
Die verfolgen gar kein anderes Ziel,
Als zu streiken ohne jedes Taktgefiehl.
Zieht man ihnen dann das Fell über die Ohren,
Dann fühlen sie sich erst recht wie neugeboren,
Und saugt man ihnen aus den Knochen das Mark,
Dann sagen sie, das mache sie gerade stark.
Legt man sie vorsorglich an die Kette,
Dann radeln sie mit den Agrariern um die Wette,
Und kratzt man ihnen die Augen aus,
Dann verbreiten sie Aufklärung von Haus zu Haus.
Kurz und gut, es gibt gar kein Mittel,
Weder Militär, noch Richter, noch Polizeibüttel,

Dem diese Brut nicht widersteht;
Höchstens hilft noch Religiosität.
  Daß sie aber an Honoraren viel blechen,
Möchte ich dir wirklich nicht versprechen.
Von Miquel gestand es offen und frei,
Daß bei ihnen nicht viel zu holen sei.
  Hierauf entgegne ich: Holde Muse, ich begreife
Die Sozialdemokratie, aber ich pfeife
Ebenfalls auf übersinnliches Honorar.
Welche Partei bezahlt denn bar?
  Und Jungfer Muse, erfreut ob meinem Eifer,
Wird in ihrer Haltung steifer und immer steifer,
Rümpft das Näschen und setzt sich in Positur
Und zeigt mir von ihrer Kehrseite die Hälfte nur:
  Viel zu holen ist bei keiner von diesen Parteien,
Soll dir hingegen deine Begeisterung gedeihen,
Dann geh mit der Regierung durch dick und dünn
Und schöpfe daraus deinen Gewünn.
  Folge der Regierung durch alle Labyrinthe,
Durch die höchsten Höhen und die dickste Tinte,
Dann erfüllt sich früher dein Ideal
Und du wirst Finanzminister oder Oberpostgeneral
  Oder Intendant patriotischer Festspiele
Oder Bevollmächtigter vaterländischer Gefühle
Am Goldenen Horn oder bei der Goldenen Hundertzehn,
Man weiß ja nie, was noch kann geschehn.
  Aber vor allem unterlaß deine faulen Witze,
Sie sind in der Diplomatie nichts nütze;
Lieber zeige dich möglichst dumm

  Als ganz devoten

Hieronymum.

Herr von der Heydte

Zur Gitarre gesungen

Vor dem Münchner Zensor
Herrn von der Heydte,
Macht nun auch Lessing
Moralisch Pleite.
Jüngst ward durch einen
Grausam roten
Zensurstrich Minna
Von Barnhelm verboten.
Denn alles, um das sich
Dies Schandstück dreht,
Ist heillose, freche
Perversität.
Die Minna, längst ahnt es
Der Zensor schon
Ist eine verkappte
Mannsperson.
Und in Tellheim witterte
Er schon immer
Ein schamlos verkleidetes
Frauenzimmer.
Damit sich der Zensor
Nun kann überzeugen,
Daß ihnen das richtige
Geschlecht zu eigen,
Ward von beiden um
Die Erlaubnis gebeten,
In ihren Rollen
Nackt aufzutreten.
Ja, sie wollten des kurzsichtigen
Zensors wegen
Sogar ein kleines
Tänzchen einlegen.
Herr von der Heydte
Rast und tobt,
Und beim heiligen Ignatius
Hat er gelobt:
Eher tilg' er die
Literatur von der Erde,
Als daß Minna von Barnhelm
Nackt getanzt werde.
Dies Schandstück, in dem
Die Verliebten verkehren
Mit gänzlich vertauschten
Geschlechtscharakteren.
Wofür läßt sich
Von der Heydte bezahlen?

Für den Weltrekord

   In Kulturskandalen!
   Verendet an ihm
Auch München, die Kunststadt,
Berlin lacht heiter:
Schadet det uns wat?

Im Heiligen Land

Der König David steigt aus seinem Grabe,
Greift nach der Harfe, schlägt die Augen ein
Und preist den Herrn, daß er die Ehre habe,
Dem Herrn der Völker einen Psalm zu weihn.
Wie einst zu Abisags von Sunem Tagen
Hört wieder man ihn wild die Saiten schlagen,
Indes sein hehres Preis- und Siegeslied
Wie Sturmesbrausen nach dem Meere zieht.
Willkommen, Fürst, in meines Landes Grenzen,
Willkommen mit dem holden Eh'gemahl,
Mit Geistlichkeit, Lakaien, Exzellenzen
Und Polizeibeamten ohne Zahl.
Es freuen rings sich die historischen Orte
Seit vielen Wochen schon auf deine Worte,
Und es vergrößert ihre Sehnsuchtspein
Der heiße Wunsch, photographiert zu sein.
Ist denn nicht deine Herrschaft auch so weise,
Daß du dein Land getrost verlassen kannst?
Nicht jeder Herrscher wagt sich auf die Reise
Ins alte Kanaan. Du aber fandst,
Du sei'st zu Hause momentan entbehrlich;
Der Augenblick ist völlig ungefährlich;
Und wer sein Land so klug wie du regiert,
Weiß immer schon im voraus, was passiert.
Es wird die rote Internationale,
Die einst so wild und ungebärdig war,
Versöhnen sich beim sanften Liebesmahle
Mit der Agrarier sanftgemuten Schar.
Frankreich wird seinen Dreyfus froh empfangen,
Als wär' auch er zum Heil'gen Land gegangen.
In Peking wird kein Kaiser mehr vermißt,
Und Ruhe hält sogar der Anarchist.
So sei uns denn noch einmal hoch willkommen
Und laß dir unsere tiefste Ehrfurcht weihn,
Der du die Schmach vom Heil'gen Land genommen,
Von dir bisher noch nicht besucht zu sein.
Mit Stolz erfüllst du Millionen Christen;
Wie wird von nun an Golgatha sich brüsten,
Das einst vernahm das letzte Wort vom Kreuz
Und heute nun das erste deinerseits.
Der Menschheit Durst nach Taten läßt sich stillen,
Doch nach Bewund'rung ist ihr Durst enorm.
Der du ihr beide Durste zu erfüllen
Vermagst, sei's in der Tropenuniform,
Sei es in Seemannstracht, im Purpurkleide,
Im Rokokokostüm aus starrer Seide,
Sei es im Jagdrock oder Sportgewand,

Willkommen, teurer Fürst, im Heil'gen Land!

Hieronymus.

Liebe

(Mit hebräischen Buchstaben geschrieben)

Es hielten die menschlichen Triebe
Einst einen großen Kongreß.
Sie stritten sich um die Ehre,
Wer wohl der Stärkste wäre,
Denn niemand wußte es.
  Die Liebe war nicht zugegen.
Und als dies alle entdeckt,
Da schrien die menschlichen Triebe:
»Herrje, wo bleibt nur die Liebe!
Nein, wo die Liebe nur steckt.«
  Ein geiziges Weib trat zum Altar.
Dort stand ein Misanthrop.
Und als sie zusammenkamen,
Sie sprachen Ja und Amen,
Der Pfarrer die Händ' erhob.
  Die Liebe hatte die beiden
Von allen Trieben befreit.
Zurück blieb einzig die Liebe,
Drum hatten die anderen Triebe
Auch so viel übrige Zeit.
  Sie hockten noch immer beisammen
Und hielten großen Kongreß.
Nun ward die Vernunft erhoben,
Sie sei als die Stärkste zu loben,
Doch niemand glaubte es.

Menschlichkeit

Der grausamste Krieg – der menschlichste Krieg!
Zum Frieden führt er durch raschesten Sieg.
Kaum hört's der Gegner, denkt er: Hallo!
Natürlich wüt' ich dann ebenso!
Nun treiben die beiden Wüteriche
Die Grausamkeit ins Ungeheuerliche
Und suchen durch das grausamste Wüten
Sich gegenseitig zu überbieten –
Jeder gegen den andern bewehrt
Durch zehn Millionen Leute,
Und wenn sie noch nicht aufgehört,
Dann wüten sie noch heute.

Nach Gellert

Ich hab' in guten Stunden
Des Lebens Glück gefunden
Im edeln Gerstensaft.
Drum will ich auch im Kater
Nicht hadern mit dem Vater,
Der alles lenkt in seiner Kraft.
Ja, Herr, ich bin ein Säufer
Und trank mit großem Eifer
Bis in die späte Nacht;
Und konnte nicht bezahlen,
Drum hast du mir die Qualen
Des Katzenjammers nun gebracht.
Zu dir ich mich nun wende,
Auf daß ich nicht verende;
Ist doch die Welt so schön!
Gern will ich alles dulden;
Nur zahle meine Schulden,
Und laß mich nicht zugrunde gehn!
Zwar ging' ich jetzt zugrunde,
Käm' ich vielleicht zur Stunde
Noch zu den Engelein
Mit ihren roten Bäckchen,
Mit ihren kurzen Röckchen –
Wer möchte dort nicht gerne sein!
Jedoch es gibt auch Fälle,
Wo man in tiefer Hölle
Für irdischen Genuß
Und für die bösen Taten
Im Fegefeuer braten
Und unaufhörlich schwitzen muß.
Drum laß mich lieber leben!
Dann will ich dich erheben
Mit diesem Liede hier.
Dann will zu neuen Werken
Ich Leib und Seele stärken
Durch einen Topf Salvatorbier.

Schauspieler, wenn sie bei Stimmung sind,
Haderiah
Ja, was sagst da!
Parodieren Frank Wedekind.
Haderiah
Trara!
Unvergleichlich getroffen werden
Seine Sprache und seine Gebärden.
Was nicht immer gleich gut gelingt,
Ist die Art, wie er seine Spottlieder singt.
Und wenn sie gar seine Rollen spielen,
Ist von Gefühl oft wenig zu fühlen.
Lacht das Publikum seelenfroh,
Fällt ihnen vor Schreck das Herz ins Trikot.
Schaudernd starrn sie einander an,
Wie jemand bei Wedekind lachen kann.
Er selber dient seinem Werk als Befreier,
Er holt die Kastanien aus dem Feuer.
Unzähligemal hat er Hidalla gespielt,
Hat leidlichen Eindruck damit erzielt.
Der Schauspieler macht sich nichts aus Befrei'n
Er wirft die Kastanien wieder hinein.
Wirkungen, die wie Springbrunnen frisch,
Befördert er eifrig unter den Tisch.
Mit dem Drama, genannt König Nikolo,
Verfährt der Schauspieler ebenso.
Regungslos bleibt er am Boden kleben
Mit der Beteurung: So ist das Leben!
Aber förmlich zum Himmel schreit
Das Martyrium des Marquis von Keith.
Denn der Erfolg, den die Szenen fanden,
Kommt durch den Schauspieler wieder abhanden.
Und wer die Figur zum Siege geführt,
Der wird vom Schauspieler parodiert.
Warum ich diese Satire schreibe?
Weil ich euch nicht gern etwas schuldig bleibe.
Gäb' es bei euch so viel zu gewinnen
Wie bei meinen geliebten Schauspielerinnen,
Eysoldt, Durieux, Orska, die drei
Kauften mich los aus der Sklaverei.
Sie ließen mich das Glück erfassen,
Ihr hättet mich lächelnd verrecken lassen.
Jammerschade, daß Parodien
Sich auf Äußerlichkeiten beziehen.
Geläng es doch endlich mal einem Affen,
Innerlichkeit mir abzugaffen!
Karl Hetmann, Nikolo, Marquis von Keith,
Die spielt man nämlich mit Innerlichkeit.
Das zu beweisen bin ich erbötig,
Solang mir im Leib ein Herz noch tätig.

Der Schauspieler ist ein muntrer Gesell,

Er hat ein beneidenswert dickes Fell.
Er wird sich nicht im geringsten genieren,
Mich mit dieser Satire zu parodieren.

Politische Disticha

Viele verloren Gedächtnis und Sprache, so dringt es aus allen
Landen, in denen der Krieg schon seine Schauer entrollt.
Sind das nicht himmlische Zeichen? – Die Menschheit, die diesen Krieg führt,
Ist des Gedächtnisses nicht, ist auch der Sprache nicht wert.
Menschliche Schwächen, nicht himmlische Zeichen sind's. Ihrem Gedächtnis
Hat noch die Menschheit nie so Gewaltiges erkämpft.
Und die Sprache der Feldpostbriefe, klingt sie nicht golden
Gegen das donnernde Blech, das aus den Zeitungen dröhnt?
Ein vollständiges Verzeichnis der Ortschaften, die in dem Kriege
Ganz oder teilweise zerstört, gibt es bis heute noch nicht.
Dringend herrscht ein Bedürfnis danach, denn viele schon zogen
In die Heimat zurück und sie gelangten ins Nichts.

Rückblick

Wie hab' ich nun mein Leben verbracht?
Hab' viel gesungen, hab' viel gelacht,
Unzähligen Menschen Freude beschert,
Doch den Fröhlichen stets lieber zugehört.
Denn mein Gedicht, wenn man's nicht übel nimmt,
War immer zuerst nur für mich bestimmt.
Und ward's mit den Jahren wesentlich stiller,
Mir selber pfeif' ich noch oft einen Triller
Im Genusse der höchsten Lebensgabe,
Daß ich nie einen Menschen verachtet habe.
Nur mit Einem lag ich in ewigem Streit,
Mit dem hohlen Götzen der Feierlichkeit.
Denn ein vornehmer Mensch ist selbstverständlich,
Macht nicht seine Vornehmheit extra kenntlich
Und wird sich mit größtem Gewinn bequemen,
Den eigenen Wert nicht ernst zu nehmen,
Weil ihm die, so er sich zu Gast gebeten,
Dann reicher und freier entgegentreten. –
Und wenn nun das Trugbild mählich entschwebt,
Dann sag' ich: Ich habe genug gelebt
Und verspüre wahrlich kein großes Verlangen,
Die Übung noch einmal von vorn anzufangen,
Denn für den Einzelnen der Ertrag
Ist plus minus null für jeglichen Tag.
Was aber irgend übrig bleibt,
Wird der Kraft der Lebendigen einverleibt.

Schluß

Ich wußte ehmals nichts davon,
Bin unschuldsvoll gewesen,
Bis daß ich Wielands Oberon
Und Heines Gedichte gelesen. -
   Die haben sodann im Lauf der Zeit
Mein bißchen Tugend bemeistert.
Ich träumte von himmlischer Seligkeit
Und ward zum Dichten begeistert.
   Auch fand ich, das Dichten sei keine Kunst,
Man müßt' es nur einmal gewohnt sein. –
Ich sang von feuriger Liebesbrunst,
Von Rosenknospen und Mondschein;
   Besang der Sonne strahlendes Licht.
Viel Schönes ist mir gelungen.
Jeweilen mit dem schönsten Gedicht
Hab' ich mich selber besungen.
   Und folgte treu der gegebenen Spur
Auf meine Muster gestützet;
Schrieb viele Bogen Makulatur. –
Wer weiß, zu was sie noch nützet? –
   Und wenn das Dichten so weitergeht,
So darf ich im Tode behaupten:
»Am Ende war ich doch ein Poet,
Obwohl es die wenigsten glaubten.« –

Silvester

Mein Fenster öffnet sich um Mitternacht,
Die Glocken dröhnen von den Türmen nieder,
Die Berge leuchten rings in Flammenpracht,
Und aus den dunklen Gassen hallen Lieder.
Will mir der Lärm, will mir der blut'ge Schein
Des nahen Völkerkriegs Erwachen deuten? –
Noch ist die Saat nicht reif. Die Glocken läuten
Dem neuen Jahr. – Wird es ein beßres sein?
  Ein neues Jahr, in dem mit blassem Neid
Die Habsucht und die Niedertracht sich messen;
Ein neues Jahr, das nach Vernichtung schreit;
Ein neues Jahr, in dem die Welt vergessen,
Daß sie ein Altar dem lebend'gen Licht;
Ein neues Jahr, des dumpfe Truggewalten
Den Adlerflug des Geistes niederhalten;
Ein neues Jahr! – Ein beßres wird es nicht.
  Von Goldgier triefend und von Gaunerei,
Die Weltgeschichte, einer feilen Dirne
Vergleichbar, kränzt mit Weinlaub sich die Stirne,
Und aus der Brust wälzt sich ihr Marktgeschrei:
Herbei, ihr Kinder jeglicher Nation;
An Unterhaltung ist bei mir nicht Mangel.
Im Internationalen Tingeltangel,
Geschminkt und frech, tanz' ich mir selbst zum Hohn.
  Den he'ligen Ernst der menschlichen Geschicke
Wandl' ich zur Posse, daß ihr gellend lacht;
Den Freiheitsdurst'gen brech' ich das Genicke,
Damit mein Tempel nicht zusammenkracht.
Ich bin der *Friede*, meine holden Blicke
Besel'gen euch in ew'ger Liebesnacht;
Wärmt euch an mir und schlaft bei meinem Liede
Sanft und behaglich ein; ich bin der Friede!
  Drum segne denn auch für das künft'ge Jahr
Gott euren süßen Schlaf. Das Todesröcheln
Des Bruders auf der Freiheit Blutaltar
Verhallt, wenn meine fleisch'gen Lippen lächeln.
Nur wenn der eigne Geldsack in Gefahr,
Dann tanz' ich mit den schellenlauten Knöcheln
Sofort Alarm, damit euch eure Schergen
Zu den geraubten neue Schätze bergen.
  Warum schuf Gott den Erdball rund, warum
Schuf Krupp'sche Eisenwerke er in Essen,
Als daß den Heiden wir mit Christentum
Und Schnaps das Gold aus den Geweiden pressen.
Ein halb Jahrtausend ist das nun schon Mode,
Doch sehr verfeinert hat sich die Methode:
Kauf oder stirb! Wer seines Goldes bar,
Den plagt dann ferner auch kein Missionar.
  Ich bin der Friede, meine Schellen läuten,
Sobald des Menschen Herz sich neu belebt,

Und meine Füße, die den Tod bedeuten,
Zerstampfen, was nach Licht und Freiheit strebt.
Ich bin der Friede, und so wahr ich tanze
Auf Gräbern in elektrisch grellem Glanze,
Es fällt zum Opfer mir das künft'ge Jahr,
Wie das geschiedne mir verfallen war!
  So sang die Göttin. Aber Gott sei Dank,
Noch eh sie dirnenhaft von hinnen knixte,
Gewahrt' ich, daß die üpp'ge Diva krank
Und alt, so rot sie sich die Wangen wichste,
Daß schon der Tod ihr selbst die Brust gehöhlt;
Und tausend Bronchien rasselten im Chore:
Der rote Saft sprengt dieses Leichnams Tore,
Eh er noch einmal seine Jahre zählt.
  Dann wurden unterird'sche Stimmen laut:
Der Mensch sei nicht zum Knecht vor goldnen Stufen,
Es sei zum Herrscher nicht der Mensch berufen,
Der Mensch sei nur dem Menschen angetraut.
Ein dumpfes Zittern, wie aus Katakomben,
Erschütterte den Boden. Alsogleich
Ward jeden Gastes Antlitz kreidebleich:
Bewahr' uns Gott vor Anarchie und Bomben!
  Ich aber denke: Eh ein Jahr vergeht,
Vergeht die Kirchhofsruhe. Böse Zeichen
Verkünden einen Krieg, der seinesgleichen
Noch nicht gehabt, solang die Erde steht.
Noch ist die Saat nicht reif, doch wird sie reifen,
Und Habgier gegen Habgier greift zum Schwert;
Es wird der Bruder, seines Bruders wert,
Dem Bruder mörd'risch nach der Kehle greifen.
  Die Glocken sind verhallt, verglommen sind
Die Feuerbrände und verstummt die Lieder;
Die alte, ew'ge, blinde Nacht liegt wieder,
Wie sie nur je auf Erden lag, so blind;
Und doch hängt das Geschick an einem Haar
Und läßt sich doch vom Klügsten nicht ergründen.
Wie werden diese Welt wir wiederfinden,

  Wenn wir sie wiederfinden, *übers Jahr?*

Hermann

Tingel-Tangel

Trauert nicht, ihr Völkerscharen,
Ob der schweren Zeit der Not.
Packt das Leben bei den Haaren.
Morgen ist schon mancher tot.
Küssen, um geküßt zu werden,
Lieben, um geliebt zu sein,
Gibt's ein schöner Los auf Erden
Für ein artig Mägdelein?
Ja, die Liebe ist mein Credo,
Meines Lebens Inbegriff,
Und so werd' ich zum Torpedo,
Ach, für manches Panzerschiff.
Ach, mir ist zumut, als stünde
Mir geschrieben im Gesicht:
Eine grauenvollre Sünde
Als die Tugend gibt es nicht!
Fürchte nichts, mein süßer Schlingel;
In der schweren Not der Zeit
Freut der Mensch sich nur im Tingel-
Tangel seiner Menschlichkeit.
Bei dem allgemeinen Mangel
Idealer Seelenglut
Trefft ihr nur im Tingel-Tangel,
Was das Herz erheben tut.
Saht ihr einen süßren Engel
Je zu eurem Zeitvertreib
Als ein hübsches Tangel-Tengel-
Tingel-Tongel-Tungel-Weib?
Tuben schmettern, Pauken dröhnen,
Schrille Pfeifen gellen drein,
Spenden dem Gesang der Schönen
Ihre Jubel-Melodein.
Wie die Sturmflut, unermüdlich,
Tönt des Konterbaß Gebrumm;
Und die Schöne lächelt friedlich
Nieder auf das Publikum.
Ach, da werden wider Willen
Aller Augen patschenaß,
Kneifer türmen sich auf Brillen,
Und davor das Opernglas.
Trommelwirbel und Geklingel!
Lauter dröhnt der Pauken Ton;
Und im Taumel tanzt die Tingel-
Tangel-Tänzerin davon.
Und nun schwillt das dumpfe Gröhlen
Zum Radau bei Alt und Jung,
Und aus tausend Männerkehlen
Wälzt sich die Begeisterung.
Doch das Mädchen ist entschwunden,
Hat sich auch vielleicht derweil

Schon mit Schnüren losgebunden
Ihrer Reize größten Teil.
　Lang noch hallen tiefgestöhnte
Liebesklagen ringsumher;
Doch umsonst, das heißersehnte
Mädchen kokettiert nicht mehr.

Ausgewählte Gedichte

An Madame de Warens

Nimm dieses Bild, mit ihm die alte Treue,
Das reine Herz, das einst sich dir geweiht.
Vertrauensvoll erfleht es sich aufs neue
Nur einen Funken deiner Göttlichkeit.
Noch ist der zarte Flor ja nicht zerrissen,
Mit dem du mich in schöner Zeit umwobst,
Darin du mich empor aus Finsternissen
Zum blauen Äther deiner Liebe hobst.
Nun möcht an deiner Brust es wiedrum rasten
Und lauschen deiner Stimme weichem Klang.
Die Melodien, die es dort erfaßten,
Sie hallen fort noch manchen Sommer lang.
Die Welt ist überreich an Glück und Freuden,

Doch reicher, hohe Königin, bist du.
Du wagst, die Schätze sorglos zu vergeuden,
Die andre hüten in besorgter Ruh.
Und stets von neuem hast du reich zu geben
Des Golds, das deiner Seele Tiefen füllt.
Wie manchen Schmerz in deiner Nächsten Leben
Hast du mit mildem Himmelstrost gestillt.
Der Mensch verzweifelt unter schweren Qualen,
Siecht hin und altert in Entmutigung,
Da leuchten deines Auges warme Strahlen
Und der gebeugte Geist ist wieder jung.
Verlaß mich nicht; ich habe dir zu danken,

Was Schönes jetzt in meinem Herzen ruht.
Der Flammenbecher, den vereint wir tranken,
Goß lautres Feuer in mein junges Blut.
Verlaß mich nicht; mir lacht aus deinen Zügen
Mein Himmel, wenn du mir zur Seite stehst;
Verlaß mich nicht, du würdest mich betrügen
Um meinen Himmel, wenn du von mir gehst.
Ich weiß nicht, was mir noch auf Erden bliebe;
Mein Leben strömt aus deinem Augenlicht.
Ich müßte sterben ohne deine Liebe,
Du Himmelskönigin, verlaß mich nicht!

Galathea

O, wie brenn ich vor Verlangen,
Galathea, schönes Kind,
Dir zu küssen deine Wangen,
Weil sie so verlockend sind.
Daß ich auch die Gnade fände,

Galathea, schönes Kind,
Dir zu küssen deine Hände,
Weil sie so verlockend sind.
Und was tät ich nicht, du süße

Galathea, schönes Kind,
Dir zu küssen deine Füße,
Weil sie so verlockend sind.
Und mich treibt der Pulse Stocken,

Galathea, schönes Kind,
Dir zu küssen deine Locken,
Weil sie so verlockend sind.
Aber deinen Mund enthülle,

Mädchen, meinen Küssen nie,
Denn in seiner Reize Fülle
Küßt ihn nur die Phantasie.

Debutant

Kennst du die hohe, dunkle Gartenpforte,
Die ernst verschwiegen an der Straße steht?
Wohl niemand ahnte, welche süßen Worte
In ihrem Schutz der Abendwind verweht.
Dort trat ich ein; von freudigem Erwarten

Schwoll mir das Herz wie dem beschenkten Kind;
Ein leises Flüstern wehte durch den Garten
Von guten Geistern, die dort heimisch sind.
Auf schatt'ger Bank ließ ich mich zaudernd nieder

Und trank der Rose wollustschweren Duft;
Ob meinem Haupte knistert es im Flieder;
Zwei Vöglein zwitschern durch die Abendluft.
Wie aber ward mir, als du vor mich tratst,

Ein Götterbild aus fernen Griechenzeiten,
Als du bedeutungsvoll und lächelnd batst,
Dich tiefer in den Garten zu begleiten.
Dort wurde mir aus Abend und aus Morgen

Der erste Lebenstag, den ich gelebt -
O, daß so lange mir das Glück verborgen,
Nach dem das Herz dem Knaben schon gebebt!
O, Ella, Ella, tausend Seligkeiten

In einen einz'gen Atemzug gedrängt;
Die Triebe aus der Menschheit frühsten Zeiten,
Von wonnekund'ger Götterhand gelenkt;
Der Kindheit ahnungsvolle, lose Spiele

Verwandelt in unendlichen Genuß;
O, Ella, alle himmlischen Gefühle
In einem einz'gen Liebeskuß -
Welch hohes Wort, das Menschengeist ersann,

Welch reicher Dank mag diese Stunde lohnen!
Laß ewig mich in deinem Garten wohnen,
Ist alles, was die Lippe stammeln kann.
In seiner Büsche stillem Heiligtum

Nahm ich, als Balsam jeder Erdenqual,
Von deinem Mund das heilige Abendmahl
Zum großen Liebesevangelium.

Madame de Warens

Ich soll ihn lassen
Und kann's nicht fassen;
Und du, mein Herz,
Du darfst es wagen,
Noch fort zu schlagen
Bei solchem Schmerz?

Das Wüstenschiff

Bist schön wie eine Lilie;
Ich lieb dich, ich lieb dich.
Du bist aus guter Familie;
Ich liebe dich, ach so heiß!
Reich mir dein schlankes Händchen,
Und von dem schmalen Gelenk
Lös ich das schneeweiße Bändchen
Mir ewig zum Gedenk.
Wie Sammet so weich,
Wie die Sonne so warm,
Wie der Mondenschein bleich
Ist dein zierlicher Arm.
Das Mieder züchtig verschlossen...
Nein, werd mir nicht bang,
Der Gefühle gewaltiger Drang
Hat sich schon stürmisch ergossen.
Nun nur noch einen zärtlichen Blick,
Dann kehr ich zurück
In mein reinliches Kämmerlein,
Schließe mich ein
Und denke dein
Am Fenster im Mondenschein. - Sela.

Pennal

Länger kann mein Herz ich nicht bezähmen -
Ach du lieber Gott, ich tat es nie!
Doch Sie dürfen es nicht übelnehmen,
Aber ich gesteh's, ich liebe Sie.
Und wenn ich Sie auf der Straße sehe,
Dann ergreift es mich, ich weiß nicht wie;
Dann wird es mir klar und ich gestehe
Ihnen noch einmal: Ich liebe Sie.
Ob ich gehe, stehe, liege, sitze,

Ob ich meinen Aufsatz schreiben soll,
Ob ich über der Grammatik schwitze,
Stets erscheint Ihr Bild verheißungsvoll.
Und wenn Sie mir nicht zu schreiben denken,
Dann soll ein verheißungsvoller Blick,
Den Sie im Vorübergehn mir schenken,
Bote sein von meinem größten Glück.
Aber wenn mein Herz zu kühn gewesen,

Wenn sich Ihre Blicke wenden ab,
Werden Sie vielleicht im Tagblatt lesen,
Wo ein Lebensmüder fand sein Grab.
So, Sie kennen nun mein Liebesfeuer;
Winkt mir heitres, winkt mir düstres Los?
Meine Freude wäre ungeheuer;
Meine Schmerzen wären riesengroß.

In usum Delphini

Nicht mit kalten Theorien
Stille das bewegte Blut!
Die besonnten Jahre fliehen,
Und gebrochen liegt dein Mut.
Reiß dich stracks zur Tiefe nieder!

Doppelt schön ist dein Geschick,
Steigst du neubegeistert wieder
Auf zum lichten Sonnenblick.
Öde schwindet dem das Leben,

Der in langem Kuß verweilt,
Bis dem zögernden Bestreben
Stürmisch die Natur enteilt.

Liebesantrag

Laß uns mit dem Feuer spielen,
Mit dem tollen Liebesfeuer;
Laß uns in den Tiefen wühlen,
Drin die grausen Ungeheuer.
Menschenherzens wilde Bestien,

Schlangen, Schakal und Hyänen,
Die den Leichnam noch beläst'gen
Mit den gier'gen Schneidezähnen.
Laß uns das Getier versammeln,

Laß es stacheln uns und hetzen,
Und die Tore fest verrammeln
Und uns königlich ergötzen.

Wendla

Sieh die taufrische Maid,
Erst eben erblüht;
Durch ihr knappkurzes Kleid
Der Morgenwind zieht.
Wie schreitet sie rüstig,

Jubiliert und frohlockt,
Und ahnt nicht, wer listig
Unterm Taxusbusch hockt.
Der allerfrechste Weidmann

Im ganzen Revier,
Er tut ihr ein Leid an
In frevler Jagdbegier.
In einem langen Kleide

Geht sie nun bald einher,
Sinnt vergangener Zeiten
Und jubelt nicht mehr.

Francisca

Francisca, mein reizender Falter,
Hätt'st du nicht zu eng für dein Alter
Den keimenden Busen geschnürt,
Dann klafften wohl nicht die Gewänder,
Sobald ich nur eben die Bänder
Mit harmlosem Finger berührt.
Nun wehr auch nicht meinem Entzücken,

Als Erster die Küsse zu pflücken
Der zarten, jungfräulichen Haut.
Mich blendet die schneeige Weiße,
Solang ich das Fleisch nicht, das heiße,
Mit bebenden Lippen betaut.
Denn gleich wie die Knospe der Blume

Nichts ahnt von der Pracht und dem Ruhme
Der Rose am üppigen Strauch,
So seh ich bescheiden erst schwellen
Die keuschen, die kindlichen Wellen,
Umweht von berauschendem Hauch.
O! glaub mir, die Monde entfliehen,

Die Rosen verwelken, verblühen
Und fallen dem Winter zum Raub.
Es kommen und gehen die Jahre,
Man legt deinen Leib auf die Bahre
Und alles wird Moder und Staub.

An einen Jüngling

Jüngling, laß dich nicht gelüsten
Nach des Paradieses Äpfeln;
Von den straffsten Mädchenbrüsten
Wird dir nichts als Kummer tröpfeln.
Wagst du dich heran und findst du

Lust an diesen weißen Teufeln,
Armer Freund, wie bald beginnst du
Selbst von Traurigkeit zu träufeln.
Just die Kühnsten, Elegantsten

Werden früh zu müden Krüppeln,
Und die einst am flottsten tanzten,
Müssen lahm zur Grube trippeln.

Idyll

Zum Kellner sprach die Kellnerin:
Mir wird so sonderbar zu Sinn,
Ich finde mich ganz verändert.
Wie bin ich Ärmste doch bisher
Empfindungsbar, gedankenleer
Durchs Gastlokal geschlendert!
Nun möcht ich jauchzen und möchte schrein,

Möcht leise wimmern und selig sein
Und sehne mich fort ins Weite;
Ich sehne mich tief in die Einsamkeit,
Und trotzdem wird mir so weich, so weit,
So wohlig an deiner Seite.
O Kellnerknabe, sag an, sag an,

Was hast du Böser mir angetan;
Mein Friede liegt in Scherben.
Mir ahnt ein Glück, ich ermeß es nicht,
Ich fluche sein, ich vergeß es nicht,
Ich möchte am liebsten sterben.

Weltweisheit

Wir waren Philister und merkten es, wie
Die Kräfte des Geistes erschlafften;
Da warfen wir uns auf die Philosophie,
Die tiefste der Wissenschaften.
Da haben wir gründlich uns eingeprägt

Die Sprüche der großen Gelehrten;
Und was man im Fleisch und im Blute trägt,
Das weiß man dann auch zu verwerten.
Erschöpfe die Stunden, genieße die Zeit,

Laß Katzen und Hunde verzagen.
Die Reue, den Fluch und die Niedrigkeit,
Wir lernten es stoisch ertragen.
Als Stoiker lebten wir über Tag,

Kein Staubgeborner stand höher;
Doch wenn die Nacht auf den Bergen lag,
Dann wurden wir Epikurärer.
So flossen die Jahre der Jugend dahin,

Die Schöpfung ein blühender Garten,
Mit duftigen Blumen und Mädchen darin
Von allen exotischen Arten.
Und wenn uns dann schließlich die Kraft gebricht,

Zu frönen unsern Gelüsten,
Dann beugen das Haupt wir noch lange nicht,
Dann werden wir Pessimisten.
Dann spotten wir über die eitle Welt,

Und der Menschheit kleinliches Trachten,
Dann lernen wir, was uns zu sauer fällt,
Aus tiefster Seele verachten.
Dann hebe die Schwingen, Phantasie,

Zu jenen himmlischen Höhen,
Zu jenen Gegenden, die noch nie
Ein sterbliches Auge gesehen.
Dort, wo ein rosiges Morgenrot

Den fernen Äther entzündet,
Hat sich Frau Eva nach ihrem Tod
Ein neues Eden gegründet.
Es scharrte mein Musengaul vor der Tür,

Da bin ich aufgestiegen,
Da flog ich, Liebchen, zu dir, zu dir,
In deinen Armen zu liegen.
Und als ich mich sonnte in deinem Blick,

War Angst und Not verschwunden.
Da hab ich das irdische Liebesglück
Weit süßer als je gefunden.
Das Eis zerschmolz, das Herz ward weit

Und jubelte Frühlingslieder.
Und mit der jungen Begehrlichkeit
Kam die junge Gesundheit wieder.
Laut jauchzt ich auf aus voller Brust:

O laß mich bei dir bleiben,
In deiner unvergänglichen Lust
Auf ewig mich zu betäuben!
Da kracht der Himmel, die Erde bebt,

Es donnert die Atmosphäre,
Und meine sündige Seele verschwebt
In duftige, luftige Leere.

Stallknecht und Viehmagd

Carmen bucolicon

Die Bärin wohnt im tiefen Walde,
Im tiefen Wald wohnt auch der Bär,
Und an demselben Aufenthalte,
Da wohnen Bären bald noch mehr.
Und im Olymp, da wohnen Götter,

Darunter Venus und Apoll;
Dort hat man ewig schönes Wetter
Und jeder Gott ist liebevoll.
Auf ödem Felde schafft die Viehmagd,

Tut ob der Arbeit manchen Schrei,
Jedoch Cupido, der sich nie plagt,
Wälzt sich im Grase nebenbei.
Nun kommt der Stallknecht mit den Kühen;

Auch Ochsen ziehen an dem Pflug,
Doch muß er selbst das meiste ziehen,
Dann geht es eben flott genug.
Cupido duckt sich listig nieder,

Er legt den Bogen an mit Lust
Und schießt die Viehmagd durch das Mieder
In ihre ahnungslose Brust.
Der Stallknecht kommt herbeigesprungen,

Auf daß er rasch ihr Hilfe bringt;
Cupido trifft den guten Jungen,
Daß er mit ihr zu Boden sinkt.
Da liegen Stallknecht nun und Viehmagd

Und schauen sich verwundert an,
Und nachher tun sie, was man nie sagt
Doch was man leicht erraten kann.

Frühlingslied

Aus dem Französischen

Hörtest du die Sonne frohlocken,
Als du aus dem Fenster geschaut:
Wald und Feld und Wiesen sind trocken,
Warten auf Bräutigam und Braut.
Zieh dein weißes Hemd an, mein Schätzchen,
Das du keusch im Kasten verwahrt,
Komm hinaus zum lauschigen Plätzchen,
Wo sich die Vöglein längst gepaart!
Ja, das ist ja der holde Mai!
Laß uns wandeln zu zwei und zwei
Durch den Hochwald auf blumigen Pfaden!
Wo das Auge des Himmels lacht,
Küssen wir, daß es man so kracht
Vom Genick hinab in die Waden!
Horch, wie ohne Geld in den Zweigen

Sieben Treppen hoch unterm Dach
All die Künstler zwitschern und geigen!
Keiner zählt seine Barschaft nach.
Und die Blümelein auf den Auen,
Dran dein Aug sich innig erquickt,
Brauchen sie auf den Pfennig zu schauen,
Wo sie umsonst ihr Schneider schmückt!
Ja, das ist ja.. . usw.
Ach wie billig ist doch das Leben,

Wenn man keine Ausgaben hat.
Höchste Wonne liegt gleich daneben,
Bringst du sie mir doch mit aus der Stadt.
Sicherlich läßt du mich nicht darben,
Wenn auf meine Kosten du fährst.
Trägt der Wald doch der Hoffnung Farben,
Hoff ich, daß du mir drin gehörst.
Ja, das ist ja... usw.
Alsdann wolln zu Mittag wir speisen,

Wo des Rasens Tischtuch uns winkt.
Unsere Mahlzeit soll euch beweisen,
Wie man als Künstler ißt und trinkt.
Deine Locken sind das Gemüse,
Deine Lippen spenden das Bier.
Von den Schultern bis auf die Füße,
Alles ist Gänsebraten mir.
Ja, das ist ja ... usw.
Gibst du mir den Laufpaß, o Schrecken,

Kalt und ohne Herz wie Granit,
Deine Finger sollst du dir lecken,
Ich singe einfach nicht mehr mit.

Wie ein Mühlstein werd ich verenden,
Den man um den Hals dir gehängt,
Denn das heißt sein Leben verschwenden,
Wenn sich der Mensch allein ertränkt.
Ja, das ist ja ... usw.

Der Anarchist

Reicht mir in der Todesstunde
Nicht in Gnaden den Pokal!
Von des Weibes heißem Munde
Laßt mich trinken noch einmal!
Mögt ihr sinnlos euch berauschen,

Wenn mein Blut zerrinnt im Sand.
Meinen Kuß mag sie nicht tauschen,
Nicht für Brot aus Henkershand.
Einen Sohn wird sie gebären,

Dem mein Kreuz im Herzen steht,
Der für seiner Mutter Zähren
Eurer Kinder Häupter mäht.

Zur Verlobung

Das Herz so voll, der Kopf so leer,
Ich finde nichts als Worte;
Sie tanzen auf, sie taumeln her,
Und stets am falschen Orte.
Das find't sich nicht, das reimt sich nicht;

Nur wirre Klagetöne.
Das gibt mir ewig kein Gedicht
An dich, du schlanke Schöne.
Du siehst, ich red auch nur von mir,

Statt deiner zu gedenken,
Wünsch weder Glück noch Segen dir,
Ich wollte dich beinah kränken.
Ich wollt... o Gott, nun geht's nicht mehr,

Mein Aug quillt mächtig über:
Ich wollt, daß ich ein andrer wär
Und dir ein wenig lieber.

Mein Lieschen

Mein Lieschen trägt keine Hosen
Schon seit dem ersten April,
Weil sie von der grenzenlosen
Hitze nicht leiden will.
Das gibt mir manches zu denken.

So dacht ich auch schon daran,
Ihr ein Paar Hosen zu schenken
Aus duftigstem Tarlatan.
Wie leicht kann sie sich beim Hupfen

Erkälten, eh sie's gedacht;
Und bleibt ihr auch nichts als ein Schnupfen,
Man nimmt sich doch lieber in acht.

Der Prügelheini

Der Prügelheini, der ist mein Mann,
Der ist eine Menschenplage;
Der prügelt, was er mich prügeln kann,
Die Nächte sowie die Tage.
Heut mittag stürzt er noch auf mich los:

»Du bist mir untreu gewesen!
Das steht in Buchstaben riesengroß
Auf deiner Stirne zu lesen!«
»Bei Gott, mein Heini, dir blieb ich treu!

Sonst steht mir nichts auf der Stirne.« -
Da schwang er seinen Prügel aufs neu:
»Dich schlag ich nieder, du Dirne!«
Und als ich ihm zitternd zu Füßen sank,

Ich ärmste von allen Frauen,
Da warf er mich hin auf die Gartenbank
Und hat mich zusammengehauen.

Die Symbolistin

Dein Auge brennt, dein Atem fliegt,
Blaß bist du wie der Tod;
Und frag ich dich, woran das liegt,
Du wirst wie Blut so rot.
Dein Auge senkt sich grambesiegt,

Die Wimper glitzert naß;
Und frag ich dich, woran das liegt,
Du wirst wie Marmor blaß.

Neue Liebe

Du Mädchen in des Lebens vollster Pracht
Hast mich zu lichtem Flammenmeer entfacht;
Das züngelt blutig bis ans Sternenzelt,
Von keinem Blick behütet und bewacht.
Und faßt die Flamme nicht die ganze Welt,

Wie dich und den, der dich umfangen hält?
Ein einz'ger Zwieklang durch den weiten Raum,
Der Jubel der vereinten Schöpfung gellt.
Vergangenheit wird uns ein düstrer Traum,

Am Horizont ein schwarzer Wolkensaum.
Doch auch das Glück, daraus mein Lied erschallt,
In seiner Göttlichkeit noch faß ich's kaum.
Bis daß mich deine irdische Gestalt,

Bis daß mich deiner Sinne Glutgewalt
Von jedem dumpfen Traumgewirr befreit
Durch nie geträumter Freuden Wirklichkeit.

An Elka

Elka, länger kann ich mich nicht halten,
Meine Sinne toben allzu wild;
Und in allen weiblichen Gestalten
Seh ich schon dein Götterbild!
Auch im Traum bist du mir schon erschienen,

Dich entkleidend; o, wie ward mir da!
Schwindlig ward mir hinter den Gardinen,
Als ich deinen Busen sah.
Meine beiden Knie wurden brüchig,

Von der Stirne triefte mir das Fett.
Als das Hemd du abgetan, da schlich ich
Wonneschaudernd an dein Bett.
Mach, daß dieser Traum sich bald erfülle;

Mach, erhabne Königin,
Daß bei dir ich vor Behagen brülle,
Nicht vor Wut, weil ich dir ferne bin.

Einkehr

Du stille Friedhofmauer,
Scheu tret ich bei dir ein.
Willst du nicht meiner Trauer
Schirmende Heimat sein?
In deinem tiefen Frieden,

In deinem kühlen Schoß
Wird allen Ruh beschieden,
Die krank und ruhelos.
Wo dunkle Stämme ragen

Um dichtumkränzten Stein,
Fernen vergangnen Tagen
Geb ich ein Stelldichein.
Süßselige heilige Schauer

Lösen mir Aug und Sinn -
Du stille Friedhofmauer,
Du meine Beschützerin,
Entflohn dem Weltgetriebe

Tret gern ich bei dir ein;
Willst du begrabener Liebe
Schirmende Heimat sein?

Eroberung

Ach, sie strampelt mit den Füßen,
Ach, sie läßt es nicht geschehn,
Ach, noch kann ich ihren süßen
Körper nur zur Hälfte sehn;
Um die Hüfte weht der Schleier,
Um den Schleier irrt mein Blick,
Immer wilder loht mein Feuer,
Ach, sie drängt mich scheu zurück!
Mädchen, ich will nichts erzwingen;

Mädchen, gib mir einen Kuß;
Sieh, dich tragen eigne Schwingen
Durch Begierde zum Genuß.
Ach, da schmiegt sie sich und lächelt:
Deine Küsse sind ein Graus;
Und mit beiden Händen fächelt
Sie der Kerze Schimmer aus.

An eine grausame Geliebte

Hetz deine Meute weit über die Berge hin,
Sie kehrt wieder von Schweiß und von Staub bedeckt.
Gib ihr die Peitsche, gewaltige Jägerin,
Sieh, wie sie dir winselnd die Füße leckt!
Eh der Bann zerreißt, eh die Koppel in Stücke springt,

Eh die Brut dir entgegensteht, wenn dein Hifthorn klingt,
Eh dein Ohr ihn vernimmt, aus der Seele den dumpfen Schrei,
Eh reißen Sehnen und Adern und Herz entzwei.
Schwing deine Peitsche! Dein gellendes Halali

Tönt wie des Todes wilder Triumphgesang.
Das Auge, blutunterlaufen, sterbensbang,
Späht nach dem Wild deiner Lust und erblickt es nie…

Schweig und sei lieb

Als du, mein Held, zum ersten Male mir
Im lichterfüllten Saal entgegentratest
Und lächelnd, fast mit kindlichem Gezier,
Um einen Walzer mich verlegen batest,
Weißt du, was in des Morgens Dämmerstunden
Eh dich mein Traum von neuem mir verbunden
Ich in mein Tagebuch errötend schrieb? -
Schweig und sei lieb!
Und als du gestern mir mit raschen Schritten

Nachjagtest - zum Befehl ward mir dein Ruf;
Als Kind hätt ich ihn nie so streng gelitten,
Da stets nur Trotz er mir im Herzen schuf -
Ahnst du, weshalb in fieberheißem Beben,
Weshalb ich rettungslos dir preisgegeben,
Weshalb ich stracks wie angekettet blieb? -
Schweig und sei lieb!
Von Wahnsinnsstürmen ward mein Sinn umhallt,

Mein Stolz erstarb, der sonst so siegesfrohe...
Begreifst du die dämonische Gewalt,
Mein Held? Begreifst du, welch empörte Lohe,
Daß sie nicht sengend Herz und Hirn verzehre,
Mich dir mein Glück, mein Leben, meine Ehre,
Mich dir mein Alles hinzugeben trieb? -
Schweig und sei lieb!

Unterm Apfelbaum

Lieschen kletterte flink hinauf
Bis in die höchsten Äste,
Fing in der Schürze die Äpfel auf
Ihrer Mutter zum Feste.
Ich lag unten, verliebt und faul,

Auf dem Rücken im Grase;
Mancher Apfel fiel mir ins Maul,
Mancher mir auf die Nase.
Jetzt stand Lieschen auf starkem Ast,

Schelmisch sah sie hernieder;
Ihres Leibes liebliche Last
Wiegte sich hin und wieder.
Innig umschlungen hielten sich

Splitternackt ihre Füße,
Taten sich auf und befühlten sich -
Winkten mir tausend Grüße.
Durch das Röckchen sandte der Tag

Seine goldenen Strahlen,
Was darunter geborgen lag,
Farbenprächtig zu malen.
Schimmernd rings um die weiße Haut

Wob sich die gedämpfte Helle;
Welcher Meister hat je gebaut
Prächtiger eine Kapelle.
Kindlich faltet ich da die Händ,

Forderte heiß und brünstig:
Was kein irdischer Name nennt,
Werde dem Sünder günstig.
Sieh, und am nämlichen Abend schon,

Tief in die Kissen gebettet,
Wurden der kindlichen Bitte zum Lohn
Leib und Seele gerettet.

Anwandlung

Wüßtest du, Mädchen, wie das tut,
Wenn dein Arm in dem seinen ruht,
Wenn du an seiner Seite hin
Wandelst in weltbeglückendem Sinn!
Wüßtest du, wie mich der Anblick foltert,
Wie mir der Wunsch in der Seele brennt:
Käm doch das himmlische Firmament
Über euch beide heruntergepoltert!
Wolken machen sich nichts daraus,

Wandern weiter und lachen mich aus,
Ob ich euch, ob ich ihnen fluche,
Ob ich mich selbst zu erdrosseln suche -
Schließlich nach langem qualvollen Bangen
Reichst du mir flüchtig die zuckende Hand,
Und das verwickelte Rosenband
Hält mich verdoppelt fester umfangen.
Kennst jene Hütte du tief im Wald,

Zweier Büßenden Aufenthalt?
Rings unter hohen rauschenden Bäumen
Wildes Kasteien und tiefes Träumen...
Nun ich eben mein Bündel geschnürt,
Will mich dieser Gedanke nicht lassen;
Ach und mein Hirn mag es gar nicht fassen,
Daß mich mein Los schon von hinnen führt.

Albumblatt

Sei er noch so dick,
Einmal reißt der Strick.
Freilich soll das noch nicht heißen,
Daß gleich alle Stricke reißen.
Nein, im Gegenteil,
Mancher Strick bleibt heil.

Die Keuschheit

Schimmernd fülle sich der Teller,
Schimmernd bis zum Rand hinan;
Jeder spende seinen Heller
Gern dem alten Leiermann.
Manch ein Lied hab ich gesungen,
Das euch tief ins Herz gedrungen;
Doch ein Lied wie dieses hier
Hörtet ihr noch nicht von mir.
Eines Abends in der Messe

Lauscht' er hinter ihrem Pult,
Mit erzwungner Totenblässe
Bat er sie um ihre Huld.
Von Madrid bis Kopenhagen
Hat er sich herumgeschlagen,
Tausend Mädchen schon verführt,
Kujoniert und angeschmiert.
Und sie bat, daß Gott ihr helfe,

Doch sein Odem war so warm,
Und dieselbe Nacht um elfe
Lag sie schon in seinem Arm.
Weidlich hat er sie belogen,
Hat das Hemd ihr ausgezogen;
Sie ward rot für ihr Geschlecht,
Doch das war ihm grade recht.
Als sie nun die Schmach erlitten,

Ward dem Ungeheuer klar,
Daß sie engelrein von Sitten
Und ihm zu gefühlvoll war.
Freilich konnt es ihn beglücken,
Eine frische Blume pflücken;
Für sein weiteres Pläsier
Fehlte die Verderbnis ihr.
Und er war wie umgewandelt,

Als ihr nun die Liebe kam;
Hat sie so infam behandelt,
Daß sie schier verging vor Scham;
Stieß sie aus den warmen Kissen,
Hat sie nackt hinausgeschmissen,
Warf ihr ihre Kleider nach,
Schloß die Tür mit einem Krach.
Auf dem Vorplatz unter Tränen

Zog sie sich die Strümpfe an,
Fluchte ihres Herzens Sehnen
Und verzieh dem rohen Mann;
Drauf ging sie in ihre Kammer,

Dort sank sie aufs Bett vor Jammer,
Schlug mit beiden Fäusten sich
Wund und weinte bitterlich.
Ist's nicht wirklich ein Entsetzen,

Daß es solche Männer gibt,
Die sich nicht mal mehr ergötzen,
Wo ein andrer kindlich liebt.
Weil sie ihre Liebe suchten
Bei den H-, den verfluchten,
Ist der Seele Klang verdumpft,
Ihr Empfinden abgestumpft.
In dem nächtlich stillen Garten

Sitzt die keusche Maid voll Gram,
Liebelechzend zu erwarten
Den Geliebten, der nicht kam.
Ach, sie meint, er *müsse* kommen,
Doch die Sterne sind verglommen
Und der sanfte Mond verblich,
Ohne daß ihr Kummer wich.
Und nun ward ihr immer schlimmer,

Immer toller jeden Tag,
Und sie lief ihm auf das Zimmer,
Als er noch zu Bette lag;
Sagt ihm gleich, wozu sie käme,
Daß er sie zur Dienstmagd nehme,
Wenn sie seiner Lust zu schlecht,
Alles, alles sei ihr recht.
Aber dieser Fürchterliche

Hatte keinen Trost für sie
Als verdrehte Bibelsprüche
Voll gesalzner Ironie;
Sich an ihrer Scham zu weiden
Zwang er sie, ihn anzukleiden,
Macht sie dabei, ohne Not,
Immer wieder purpurrot.
Als den Schlips sie ihm gebunden,

Gab der Mensch ihr einen Tritt
Und ein Schimpfwort ihrer wunden
Seele auf den Heimweg mit.
Doch als sie den Hut genommen,
Spielt er plötzlich dann den Frommen,
Sah sie an und sagte: Du,
Heute abend Rendez-vous!
Und sie trat am selben Abend

Wieder in die Wohnung ein,
Einen Strauß am Busen habend,

Denn sie wollte lieblich sein.
Gleich riß er ihn ihr vom Kleide,
Überreicht' ihn voller Freude
Einer Dirne, rotgelockt,
Die geschminkt im Lehnstuhl hockt.
Drauf tät er sie zärtlich bitten,

Aufzulösen sich ihr Haar;
Jene hat's ihr abgeschnitten,
Daß sie wie ein Knabe war.
Dann mußt' sie das Kleid ablegen,
Ging einher, zum Herzbewegen:
Schuhe, Strümpfe, Höschen, Hemd,
Und der Scheitel links gekämmt.
Nun erhob sich die geschminkte,

Dekolletierte Schandperson,
Schlecht verbergend, daß sie hinkte,
Denn sie trieb es lange schon:
Komm, mein Page, und enthülle
Meiner Reize Zauberfülle
Diesem schönen jungen Herrn;
Ach, er hat mich gar zu gern!
Und sie tat es ohne Zucken,

Zog ihr selbst die Strümpfe ab,
Mußte all die Dünste schlucken,
Die das Scheusal von sich gab.
Mehrmals, bis das Werk vollendet,
Hat sie stumm den Kopf gewendet,
Hustete aus tiefster Brust,
Wurde beinah unbewußt.
Alsdann kam an ihn die Reihe,

Was ihr nicht so gräßlich war;
Leise wimmernd macht das treue
Kind ihn aller Kleidung bar;
Wollt' ihm noch die Füße küssen,
Doch er hat sich losgerissen.
Und nun gab der edle Wicht
Ihr in jede Hand ein Licht.
So mußt' sie sich aufrecht stellen,

Wo der Vorhang offen hing,
Um das Schauspiel zu erhellen,
Das vor ihr in Szene ging.
Durch die Bosheit angefeuert,
Hat er mehrmals es erneuert,
Immer tiefern Höllenschmerz
Bohrend in des Kindes Herz.
Treulich tät sich ihm vereinen

Das entmenschte Schauerweib,
Fand am Jammerblick der Kleinen
Teuflisch süßen Zeitvertreib,
Heuchelt, ihr ins Herz zu schneiden,
Außerordentliche Freuden,
Fraß mit Schluchzen und Geschrei
Einen Apfel auch dabei.
Als die Roheit sondergleichen

Keinen neuen Reiz mehr bot,
Ließ man sich die Kleider reichen,
Stellte sich dabei halb tot.
Nichts als Püffe, nichts als Tritte
Spürt das Kind bei jedem Schritte.
Drauf löscht er die Lichter aus,
Führt die Schandperson nach Haus.
Kommt zurück nach langer Pause,

Und das Mädchen ist noch da,
Denn sie wagt sich nicht nach Hause,
Weil sie so verändert sah;
Bat ihn, daß sie bleiben könnte,
Was er ihr denn auch vergönnte;
Ach, sie dachte nicht daran,
Was der Schreckensmensch ersann.
Nachdem er zu Bett gegangen,

Winkt er sie vom Diwan her,
Überreicht ihr einen langen
Scharfgeladenen Revolver.
Bittet kühl um den Gefallen,
Ihn sich vor den Kopf zu knallen,
Denn die Wirkung sei famos,
Und er sei sie endlich los.
Ohne etwas zu entgegnen,

Hob sie sich ihn an die Stirn,
Tät noch ihren Mörder segnen
Und durchschoß sich das Gehirn.
Lächelnd schmaucht er die Zigarre
Zum Entstehn der Totenstarre,
Geht dann, seiner Schandtat froh,
Nach dem Polizeibureau!
Und nun hat sie ausgelitten,

Diese Maid, die treu geliebt,
Dabei engelrein von Sitten,
Wie es keine zweite gibt.
Alle möge Gott verfluchen,
Wenn sie seine Gnade suchen,
Denn sie liebten nur das Fleisch;
Diese starb im Herzen keusch.

Das arme Mädchen

Böt mir einer, was er wollte,
Weil ich arm und elend bin,
Nie, und wenn ich sterben sollte,
Gäb ich meine Ehre hin!
Schaudernd eilt das Mädchen weiter,
Ohne Obdach, ohne Brot,
Das Entsetzen ihr Begleiter,
Ihre Zuversicht der Tod.
Es klappert in den Laternen

Des Winters eisig Wehn,
Am Himmel ist von den Sternen
Kein einziger zu sehn.
Wie sie nun noch eine Strecke

Weiter irrt, sieht sie von fern
An der nächsten Straßenecke
Einen ernsten, jungen Herrn.
Ihm zu Füßen auf die Steine
Bricht sie ohne einen Laut,
Hält umklammert seine Beine,
Und der Herr verwundert schaut:
Wenn dich die Menschen verlassen,

Komm auf mein Zimmer mit mir;
Jetzt tobt in allen Gassen
Nur wilde Begier.
Und sie folgte seinen Schritten,

Hielt sich schüchtern hinter ihm;
Jener hat es auch gelitten,
Wurde weiter nicht intim.
Angelangt auf seinem Zimmer
Zündet er die Lampe an,
Bei des Lichtes mildem Schimmer
Bald sich ein Gespräch entspann:
Es boten mir wohl Viele

Ein Obdach für die Nacht,
Doch hatten sie zum Ziele,
Was mich erschaudern macht.
Ferne sei mir das Verlangen,

Sprach der ernste, junge Mann,
Dir zu färben deine Wangen,
Wenn ich's nicht durch Güte kann.
Bat sie, länger nicht zu weinen,
Holte Wurst und kochte Tee,
Und am Morgen zog er einen
Taler aus dem Portemonnaie.

Sie hat ihn bescheiden genommen

Und fand, eh der Tag vorbei,
Als Plätterin Unterkommen
In einer Wäscherei.
Aber ach, die Tage gingen

Und die Nächte freudlos hin,
Bluteswallungen umfingen
Ihren frommen Kindersinn.
Immer mußt sie sein gedenken,
Der so freundlich zu ihr war,
Immer mußt den Kopf sie senken
In der muntern Mädchenschar.
Und eines Abends um neune

Hielt sie's nicht aus,
Lief ganz alleine
Nach seinem Haus.
Er war noch nicht heimgekommen,

Sie verkroch sich unters Bett,
Bis sie seinen Schritt vernommen,
Wo sie gern gejubelt hätt.
Doch sie hielt sich still da unten,
Bis er sich zu Bett gelegt
Und den süßen Schlaf gefunden,
Dann erst hat sie sich geregt.
Leise wie eine Elfe

Schlupft sie zu ihm hinein:
Daß Gott mir helfe -
Ich bin dein!
Doch da hat er sich erhoben,

Wußte erst nicht, was geschah,
Hat die Kissen vorgeschoben,
Als das Kind er nackend sah:
Nein, jetzt will ich dich nicht haben;
Wohl dir, daß du mir vertraut!
Aber spare deine Gaben,
Denn schon morgen bist du Braut!
Er führte binnen acht Tagen

Sie wirklich zum Altar.
Es läßt sich gar nicht sagen,
Wie glücklich sie war.

Johannistrieb

Lodernd Feuer in den Blicken,
In der Haltung stolze Ruh;
Deines Hauptes leises Nicken
Winkt mir teure Gnade zu;
Ach, und deines Mundes Worte
Ziehn durch eine Siegespforte
Mir in Hirn und Busen ein
Laß mich ganz dein eigen sein!
Siegsgewiß ist deine Haltung

Von der Büste hoch und frisch
Bis zur himmlischen Gestaltung
Deines Füßchens unterm Tisch...
Meine ganze Seele zittert
Wie der Tiger, welcher wittert
Fernher den an einem Pflock
Angebundnen Ziegenbock.

Stille Befürchtung

Seit ich dir mein ganzes Herz entladen,
Peinigt mich geheimnisvolles Weh:
Morgens drängt's mich seltsam, mich zu baden;
Abends treibt's mich mächtig ins Cafe;
Nachts umgaukeln mich verrückte Träume

Daß die Seele bang um Hilfe schreit;
Eng bedrücken mich des Himmels Räume,
Die Gewänder werden mir zu weit;
Vor den Augen schwirrt ein schwarzer Falter -

Sprich, o sprich, wie soll ich das verstehn!
's ist ein heimlich zartes Knospenalter;
Doch nicht *Liebe* scheint mir aufzugehn.

Sehnsucht

Und sei mir noch so traurig auch zu Sinn,
Ich will's nicht glauben, daß ich elend bin.
Der Fluch, das Leid, das mich zu Grund gerichtet,
Am Ende war ja alles nur erdichtet.
Die Phantasie treibt oft ihr Possenspiel.

Schon manchen hob sie, der zu Boden fiel,
Im Geist empor. Schon manchen aus den Höhen
Des Himmels ließ sie Schreck und Unheil sehen.
Laß ab von mir, du große Zauberin!

Erbarm dich mein, entschleire meinen Sinn!
Zerteil die Nacht, mit der du mich geschlagen -
O Sonnenglanz des Glücks, wann wirst du tagen!

Alte Liebe

Ich hab dich lieb, kannst du es denn ermessen,
Verstehn das Wort, so traut und süß?
Es schließet in sich eine Welt von Wonne,
Es birgt in sich ein ganzes Paradies.
Ich hab dich lieb, so tönt es mir entgegen,

Wenn morgens ich zu neuem Sein erwacht;
Und wenn am Abend tausend Sterne funkeln,
Ich hab dich lieb, so klingt die Nacht.
Du bist mir fern, ich will darob nicht klagen,

Dich hegen in des Herzens heil'gem Schrein.
Kling fort, mein Lied! Jauchz auf, beglückte Seele!
Ich hab dich lieb, und nie wird's anders sein.

Eifersucht

Und wieder seh ich neu entfacht
Die düstre Glut, die treu du hegst
Auf deinem Herd, zur Flammenpracht,
Dein Herz erleuchtend Nacht für Nacht,
Wenn du zur Ruh dich legst.
Kaum atme ich still, so kräuselt mild

Erwartung deiner Lippen Saum;
Dann fühl ich selbst, wie jenes Bild
Die lechzende Seele dir erfüllt
Mit grausigem Wundertraum.
Tief in die weichen Kissen schmiegt

Sich wollustbebend deine Gestalt.
In kurzem Ringen unterliegt
Dein Pflichtgefühl, und im Sturme siegt
Die grabentstiegene Gewalt.

Pirschgang

Laßt mich schnobern, laßt mich schnüffeln
Durch die Stille der Wälder fort.
Schon wittre ich das schwellende Fleisch der Trüffeln,
Der saftigen Brünetten von Perigord.
Hier ist der Ort. Ich wetze die Hauer,

Ich bohre den Rüssel wohl in den Grund -
Wie macht doch Arbeit das Leben sauer,
Die Seele krank und die Glieder wund!
Gierig verschling ich die prickelnden Früchte,

Bis mich der Satan im Rücken kneipt -
Es ist die alte Passionsgeschichte,
Daß unsere Freude sich selbst entleibt.
Sie läßt sich erjagen, sie läßt sich haschen,

Die Pulse fliegen, das Herz schlägt wild.
Und zieht man die Himmelstochter auf Flaschen,
Sie schwindet dahin wie ein Schattenbild.
Noch eine der haltbarsten Delikatessen

Ist frischer Lippen flammender Kuß,
Der Hunger steigert sich mit dem Essen.
Und im Genießen wächst der Genuß.

Erholung

Sieh, wie die Erde wackelt,
Wie alles niederstürzt,
Die Sonne ängstlich fackelt
Und ihre Flammen kürzt,
Wenn ich dich halte Brust an Brust
Und du mit scharfen Zähnen
Verbissen dich in wilder Lust
In meine glühnden Venen.
Es wogt dein Leib, es dröhnt dein Herz,
Dein Odem züngelt höllenwärts,
Und aus der Tiefe steigen
Miasmen freud- und leidenschwer;
Dein Kichern tanzt darüber her
Den fahlen Elfenreigen.
Und zuckt die Flamme übers Haus,
Wie sinkt das All in Nacht und Graus;
Der Himmelslichter Glanz verblich,
Die Stürme heulen fürchterlich,
Es schmettern die Posaunen.
Die Jugend reißt die Ohren auf,
Das Alter hemmt den Tageslauf;
Sie schaudern und erstaunen.
Der Sieger nimmt ein Bad und blickt
Verächtlich nach dem Pfühle,
Die Seele frei, der Leib erquickt
Von frischer Morgenkühle.
Die ganze Welt ist Jubelsang,
Die Sonne lacht den Wald entlang;
Dann lacht auch der Verächter
Sein gellend Hohngelächter.

Die tiefe Richtung

Endlich ist der große Tag gekommen,
Schon ist das Vergangne schrecklich nah,
Doch die Zukunft ist bereits verschwommen;
Auch die Gegenwart ist nicht mehr da.
Gott und Mensch und Weltall sind verschwunden,

Was einst sein wird, glüht im Morgenrot;
Stille stehn die sonst so raschen Stunden,
Und gestorben ist nun auch der Tod.
Aus dem Nichts entwickelt sich ein Grausen,

Eine Donnerstimme ruft: "Ich bin!"
Plötzlich jagt es mit Gewittersausen
Durch den weiten öden Raum dahin.
Alles starrt beklommen rings im Kreise,

Niemand blickt dem andern ins Gesicht;
Aus den Tiefen stöhnet sterbend leise
Eine Geisterstimme: "Ich bin nicht!"...
Einem Mädchen nur aus hohem Norden

Ist die Lösung wunderbar geglückt:
Der Poet war Philosoph geworden
Und der Philosoph verrückt.

Minona

Laß sie mich küssen, die knospende Blume, den Kelch
meiner Trunkenheit!
Wenn meiner Lippen fiebernde Glut dir die Glieder
durchzittert hat,
Dann erst wirst du mir Weib, und ein mächtig Erinnern
Schwellt meine Segel glückseligen Inseln entgegen.

Das tote Meer

Mein Herz ist leer wie eine taube Nuß,
Als Kobold spukt darin der Überdruß.
Wenn ich's bei Licht mir nah vors Auge halte,
Bleckt er mich hämisch an aus enger Spalte.
An hundert Weiber hatt ich wohl im Sold,

Mit denen ich mein Gut und Blut vertollt,
Die schönsten Nymphen im modernen Babel,
Und ich blieb leer, vom Scheitel bis zum Nabel.
Kein Funke mehr, kein Stern aus früherer Welt;

Kein Flämmchen, das den Busen sanft erhellt.
Nur Pharus ragt noch stets mit glühnden Kohlen
Hoch in die Nacht. Der Teufel soll ihn holen!

Printed in the USA
CPSIA information can be obtained
at www.ICGtesting.com
LVHW011656080424
776785LV00048B/1459